Godfried Bomans

Der Jordan fließt nicht in den Tiber

GODFRIED BOMANS

DER JORDAN FLIESST NICHT IN DEN TIBER

AUF DER SUCHE NACH DEM URSPRUNG DES GLAUBENS

HERDER
FREIBURG · BASEL · WIEN

Titel der Originalausgabe: Van dichtbij gezien.
A. W. Sijthoff Leiden–Lannoo Tielt (1970).
Übersetzt von Ruth de Ruijg-Zobel
Umschlagbild: Der Jordan, entnommen aus dem Bildband
„Der Mann aus Galiläa“
Foto Erich Lessing, Verlag Herder Freiburg

Zweite Auflage

Herder Druck Freiburg im Breisgau 1972
ISBN 3-451-16419-1

Inhalt

Mit Goethe darf ich mich rühmen, *eine* biographische Episode gemein zu haben: ich habe ein Jahr in Italien gewohnt, genau wie er in meinem vierzigsten Jahr und genau wie er vornehmlich in Rom. Damals interessierten mich vor allem die Überreste des klassischen Rom – auch darin stimme ich mit Goethe überein –, heute aber, sechzehn Jahre später, ging es mir um das Wachstum des Christentums. Ich war gerade in Israel, wo es begonnen hat; jetzt wollte ich sehen, was Rom daraus gemacht hat, ob der Jordan in den Tiber fließt. Beide Besuche wurden vom niederländischen Fernsehen ausgesendet.

G. Bomans

ROM

Strömt noch Wasser in Rom?

Vor einem Jahr sah ich zum erstenmal die Niagarafälle, und zwar auf der kanadischen Seite, wo sie am überwältigendsten sind. Man blickt gegen eine Wand von Kraft, die tosend herabstürzt, und man denkt: Daran gibt es nichts zu rütteln; das entzieht sich jeglicher menschlichen Kontrolle. Doch dem ist nicht so. Schaut man genau hin, entdeckt man tief unten ein kleines Gebäude aus Stein. In ihm wird diese Gewalt in nutzbare Energie umgewandelt.

So etwa geht es mit den Worten Christi vor sich. Da geht ein Mann durch den heißen Sand Palästinas und sagt ein paar versengende Sätze: Gib alles, was du hast, den Armen; und wirst du geschlagen, so biete auch noch die andere Wange. Um nur diese beiden herauszugreifen. Gegen solche Worte ist nicht anzukommen. Es ist Aufgabe der Kirche, aus dieser gewaltigen Kraft etwas zu machen, womit man leben kann. All diese Blitze müssen in Wechselstrom umgesetzt werden, an den Lampen angeschlossen werden können. Die Kirche ist die Umschaltstation, die unten am Evangelium steht. Wenn sie zwischen der ursprünglichen Botschaft und seiner Anwendung nicht vermittelte, würden alle Sicherungen durchschlagen. Die Kirche hat nicht nur mit Heiligen zu tun, die die volle Stromstärke vertragen können, sondern auch mit einfachen Gläubigen, für die die Voltzahl herabgesetzt werden muß. Das tut sie dann auch. Und mit Recht.

Doch da liegt auch bereits die ganze Tragik einer jeden Kirche. Sie bekommt etwas in die Hände, womit im Grunde nicht zu leben ist. Und das hat sie dann weiterzugeben, aber *so* daß man damit auch etwas anfangen kann. Und was heißt das? Kanäle und Leitungen. Der Katarakt verzweigt sich zu vielen Brunnen, die alle trinkbares Wasser spenden. Rom selbst ist ein gutes Beispiel, denn die Stadt ist voller Brunnen. Früher gab es noch mehr: einen, bei dem man Ablaß trinken konnte und Vergebung von Sünden, einen anderen, um den Schutz eines Heiligen zu erlangen, und einen weiteren, zu dem du mit deinem Eimerchen hingehen konntest, wenn du ein wenig „Verdienste" schöpfen wolltest. Nach und nach aber wuchs die Kirche zu einem großen Laden aus, in dem man alles kaufen konnte. Der Inhaber bekam Macht. Er wurde der Verwalter einer *Institution.*

Es wird oft gesagt: Vatikan, Peterskirche, Papst und Kardinäle verkörpern Reichtum und Luxus. Das stimmt und stimmt nicht. Geht man einmal nachts gegen eins oder halb zwei Uhr auf den Petersplatz, so sieht man noch Licht im Arbeitszimmer des Papstes. Und um 6 Uhr morgens steht er auf. Das sind fünf Stunden Schlaf in einem eisernen Bett nach einem

Tag, der mit Gebet und Arbeit ausgefüllt ist. Es gibt nicht viele Menschen, die so extrem einfach und diszipliniert leben. Die Krankheit, an der wir alle leiden, heißt totalitäres Denken. Konservativ, progressiv, imperialistisch, rechts, paternalistisch, links. Jeder kennt diese Schlagworte. Wir kleben einfach Etikette auf, ohne zu probieren, was in jeder *einzelnen* Flasche drin ist. Mir fällt da gerade Kardinal van Rossum ein, den ich als Junge in einer vierspännigen Kutsche in Amsterdam habe einziehen sehen. Auf das Pflaster einer Hauptstraße hatte jemand mit Kalk gepinselt: *Christus ging zu Fuß.* Darüber mußte der Kardinal fahren. Man denkt dann: Das sitzt. Später las ich seine Lebensgeschichte. Da stand auf einmal ein ganz demütiger Mann vor mir, und es stimmte nicht mehr. Wie kam das? Van Rossum mußte als Päpstlicher Legat den Eucharistischen Kongreß eröffnen, und dafür war dieses Zeremoniell nötig. Er selbst war zu einfach, um unter dieser Situation zu leiden. Er dachte: Es ist nicht für mich, ich vertrete den Papst. Und der Papst denkt wiederum: Es ist nicht für mich, diese Ehre gilt Christus. Der ganze kirchliche Glanz wird fast ausschließlich nicht auf die jeweilige Person, sondern auf das, was sie vertritt, bezogen.

Wenn es heißt, die katholische Kirche *ist* reich, sind wir wieder das Opfer unserer eigenen Grammatik. Wir haben keine Zeit, uns nuanciert auszudrücken, und übrigens auch keine Lust, allem genau auf den Grund zu gehen. Wir sagen also: „ist“. Das beschwört dann das Bild von Prälaten herauf, die sich mit Luxus umgeben. Niemand nimmt sich die Mühe, einmal näher hinzusehen, welcher Art dieser Reichtum ist. Dabei würde sich bald zeigen, daß er eine Fiktion ist. Natürlich, in den Vatikanischen Museen stehen Milliardenwerte aufgestapelt. Wer aber sagt, daß der Papst dadurch reich sei, kann für dasselbe Geld behaupten, Amsterdams Bürgermeister sei Millionär, weil im Städtischen Museum eine Anzahl van Goghs hängen. Alles ist außerdem jedermann zugänglich. Abstrakter Reichtum also. Wie es mit dem konkreten steht, merkt man bald, wenn man einen Prälaten wirklich zu Hause besucht. Nehmen wir zum Beispiel einmal Bischof van Lierde, Generalvikar der Vatikanstadt, also nicht der Unterste auf der klerikalen Leiter. Zwei Zimmer hat er, eins, um darin zu liegen, und eines, um darin zu sitzen. Das ist alles. Sie sind außerdem klein.

Ich sagte: ja und nein. Das war dann das Nein. Was ist nun das Ja? Die Kirche als Macht. Die Kirche als Laden, Warenhaus, Büro, in dem die ewige Seligkeit zu bekommen ist. Sie sagt: Du sollst deine Feinde lieben. Das steht zwar in der Schrift; aber unter bestimmten Voraussetzungen, die allein ich Mutter Kirche weiß, darfst du trotzdem jemandem den Schädel einschlagen. Das ist die Kirche der Kreuzzüge. Oder da steht: Wer mit dem Schwert umgeht, wird durch das Schwert umkommen. Aber auch davon kann ich dir Dispens erteilen. Das ist die Kirche der Inquisition. Du sollst deine Sünden reumütig bekennen, gewiß, aber in meinem Laden kannst du auch die Vergebung kaufen. Das ist die Kirche der

Ablässe. Es wurde ein blühender Handel. Und nun ist Ausverkauf. Die Kunden kommen nicht mehr. Ich finde das nur erfreulich.
Die Menschen wollen wieder das Wasser *selbst* rauschen hören. Zurück zur Urkraft, mit der es angefangen hat. Wie lautet der *Text?* Was *lesen* wir genau, wenn alle Lianen weggekappt sind, mit denen das Evangelium überwuchert ist? Es wird stiller im Laden, aber die Menschen, *die* kommen, wollen auch das ursprüngliche Produkt. Wie am Anfang. Am Anfang schien kein Problem zu sein. Aber vielleicht irren wir darin. Es ist auch alles so lange her. Wenn man die Briefe des Paulus – und die sind doch das Älteste, was wir haben – aufmerksam liest, merkt man, daß diese ersten Christengemeinden durchaus mit internen Schwierigkeiten zu kämpfen hatten, mit Problemen also von *innen heraus.* Man merkt es nicht so bald, weil Paulus oft nur andeutet. Und außerdem dieser große zeitliche Abstand. Vor allem aber: Das Geschäft war klein. Das rührt. Wir sehen ein zartes Krakelee, wo später gewaltige Risse klaffen sollten. Aber es sind dieselben Sprünge.

Die Via Appia

Die Via Appia enttäuscht. Das kurze Stück mit den alten Pflastersteinen wird immer wieder fotografiert, und zu Hause scheint es dann weiß Gott was zu sein. Deshalb ist man von den meisten Plätzen, von denen man vorher Bilder gesehen hat, im Grunde enttäuscht: sie nehmen das einzige noch erhaltene Fleckchen vorweg, und kommt man dann hin, sieht man Trümmer oder einen Asphaltweg wie hier. Dennoch sind über diesen schmalen Streifen die römischen Legionen marschiert. Auch Petrus ist hier gegangen, wahrscheinlich bei Dunkelheit. Er flüchtete aus Rom, weil er es unheimlich mit der Angst zu tun bekam. Plötzlich kommt ihm Christus entgegen, und Petrus fragt ihn: „Quo vadis?", das heißt: „Wohin gehst du?" Und Christus antwortet: „Ich gehe nach Rom, um erneut gekreuzigt zu werden." Erst *dann* kehrt Petrus um und findet in Rom den Märtyrertod. Aber was bedeutet das? Es bedeutet, daß bereits der allererste Papst einen Zusammenbruch durchgemacht hat. Es steht nicht in der Heiligen Schrift und auch nicht in der Apostelgeschichte. Es ist eine Legende. Aber Legenden werden nicht einfach erfunden, sie sind immer jemandem auf die Haut geschrieben. Auch wenn es sich nicht ereignet haben sollte - was noch die Frage ist –, *hätte* es geschehen können, denn Petrus hat sich so benommen, daß man ihm dies zuschreiben konnte. Ich habe mir oft gedacht, wie schwach eigentlich der Ausgangspunkt der apostolischen Sukzession ist. Das erste Dutzend ist nicht das, was man einen eisenharten Anfang nennen kann. Sie schlafen in den kritischen Augenblicken ein, verstehen ständig falsch, glauben nicht, bevor sie nicht gesehen haben, sie sinken ins Wasser, und einer der Zwölf versinkt vollkommen, für ungefähr 12.– Mark. Nehmen wir einmal Petrus, dem am Ende die „Schlüssel" übergeben werden. Er

haut einem römischen Soldaten ein Ohr ab, das stimmt, aber nach dieser einen Tat, die übrigens der Absicht Christi entgegensteht, läuft er davon und verleugnet ihn *dreimal.* Auf dem ersten Konzil zu Jerusalem will Petrus die Anwendung des Evangeliums gerade auf die Gruppe beschränkt sehen, die niemals christlich geworden ist: die Juden; und er zieht gegen Paulus, der die Frohbotschaft großzügiger versteht, den kürzeren. Ist es dann nicht verständlich, daß die Legende von der Via Appia gerade Petrus als Deserteur wählt? Es sieht so aus, als hätte Christus diesen Menschen als Führer ausersehen, weil er dachte: Nicht zu hoch greifen. Was sie dort unten weiter daraus machen, ist nur Menschenwerk, wir müssen klein anfangen. Jeder von uns erkennt ihn auch wieder. Er steht ganz nah bei uns.
An dieser Stelle befindet sich heute eine Kneipe: „QUO VADIS“ steht in leuchtenden Neonlettern darüber. Wohin gehen wir?

Das Forum

Das Forum Romanum ergreift mich immer wieder. Das Römische Reich... welch eine Macht! Noch heute, da fast alle Zähne aus dem kräftigen Gebiß gezogen sind und nur da und dort noch ein abgenutzter Stummel stehengeblieben ist, spürt man die Kraft dieses Bisses. Wie erst, als das ganze Gebiß gesund und strahlend war? Jeder, der zwischen diese gewaltigen Kiefer geriet, wurde sofort zermalmt und zerdrückt. Und doch geschah das nicht bei einem Grüppchen von Menschen. Es ist fast unvorstellbar, daß eine Handvoll Christen gegen diese Gewalt „nein“ gesagt hat. Gemartert, gekreuzigt, verbrannt und den Löwen vorgeworfen: aber es blieb beim Nein.

Hätte man damals in Rom gelebt, man hätte nicht viel vom Christentum gesehen. Fast nichts, es sei denn, man gehörte dazu. Es war unter der Erde. Wie bei einer Pflanze, die noch nicht die Erde durchstoßen hat, waren die Worte des Evangeliums nur Wurzel. Die Blüte mußte noch kommen.

Die Katakomben

Unter der Erde, in den Katakomben begann es. Manche falschen Vorstellungen herrschen über sie. Zum Beispiel, die Christen hätten sie allesamt angelegt. Das wäre selbstverständlich aufgefallen, denn wohin hätte man mit dem ganzen Sand sollen? Nein, die Katakomben, als Form römischer Begräbnisanlagen, gab es schon in *vor*christlicher Zeit. So tragen die höheren Gräberschichten heidnische Inschriften und erst die untersten christliche. Viele meinen auch, die Christen wären hier Tag und Nacht zusammengehockt aus Furcht vor den Römern. So ist es nicht. Ein Grab war sakrosankt, was auch bedeutet, daß man dort nicht verhaftet werden durfte. Also war man dort unten sicherer als oben, und in Zeiten der Verfolgung wird davon wohl Gebrauch gemacht worden sein. Vor allem aber dienten diese Gänge zur Beerdigung der Toten. Von daher stammen die alten christlichen Symbole. Hier ein Fisch und ein Anker, dort eine Taube mit einem Ölzweig. Es ist merkwürdig, zu denken, daß aus diesem Gekritzel später die Mosaiken von Ravenna und die buntgebrannten Glasmalereien von Chartres hervorgegangen sind. Hier liegt die allererste Saat christlicher Kunst. Ein bescheidener Anfang. Doch es ist die ihr zugrunde liegende Idee, die ihr die Durchschlagskraft verlieh. In allen Kulturen ist es derselbe Vorgang: Kunst entsteht aus Religion. Da bildet sich eine Weltanschauung. Ist diese hinlänglich Allgemeingut geworden, entsteht das Bedürfnis, ihr Form zu verleihen. Doch immer ging es um eine *Idee.* Von dieser Konzeption war die Kunst ein „Nebenprodukt". Ihre Schönheit war nicht das eigentliche Ziel. Ziel war die Gestaltung einer bestimmten von jedem zu verstehenden Wahrheit; und gelang das schön, so war das ein Zufallstreffer. Diese Funktion kennen wir nicht mehr. Wir wollen nur etwas Schönes schaffen.

Ist dies zu verwerfen? Nein, das wäre verkehrt. Man gewöhnt es sich ab, ständig „dagegen" zu sein, und es kommt der Punkt, wo man einfach müde wird. Ich stelle nur eine Tatsache fest: L'art pour l'art – Kunst um ihrer selbst willen. Das gab es noch nie zuvor. Wir wissen nicht, was daraus werden wird, weil die hinter uns liegenden Kulturen das nicht gekannt haben. Mangels Beispielen haben wir keinerlei Vorstellung, wie das ausgehen wird. Doch ist es gewiß gut, sich zu vergegenwärtigen, daß das Abenteuer völlig neu ist. Zum erstenmal leben wir in einer Gesellschaft, die nicht mehr von einer gemeinsamen Konzeption getragen ist. Man weiß ebensowenig, was geschehen wird, wenn man mit einem Hund spazierengeht und die Leine zu Haus läßt.

Das Kolosseum

Im gewaltigen Schacht des Kolosseums, der so riesengroß ist, daß unser Wort kolossal von da herstammt, haben die ersten Christen den Preis für ihre Halsstarrigkeit bezahlt. Zu Tausenden wurden sie vor die Löwen und Schwerter der Gladiatoren geworfen. Noch nie in der Geschichte wurde ein Unternehmen mit einem so schrecklichen Bankrott begonnen. Merkwürdig eigentlich. In Hunderten von Zuschauerreihen blickten die Mächtigsten der Erde auf solch einen Knirps in der Tiefe nieder. Warum hat dieser Zwerg gesiegt? *Er hatte eine Idee* – was die Zuschauer nicht hatten. Sie blickten auf einen Begeisterten, und am Ende hat dieser Geist gesiegt.
Die vielen Nischen in den Rundgängen des Kolosseums waren voll von Statuen. Auch auf dem Forum wurden Hunderte von Göttern verehrt. Die Sache wurde so unübersichtlich, daß man schließlich nach einem „Pantheon“ verlangte – griechischer Ausdruck für „alle Götter“ zusammen. Es gab sogar Götter aus Asien, und in Rom fanden sie alle Obdach. Nur der *eine* aus Palästina nicht. Er wurde gemieden wie die Pest. Warum diese Ausnahme? Weil

er nicht bereit war, sich vor dem römischen Kaiser, dessen Göttlichkeit alle anderen überschattete, zu beugen. Die Christen weigerten sich, ihn anzubeten. Ihre Lehre lief also auf Majestätsbeleidigung hinaus und war darum staatsgefährlich.

Konstantin

Der erste römische Kaiser, der Christ wurde, war Konstantin. Die Konstantinsbasilika datiert übrigens aus der Zeit vor seiner Bekehrung und ist teilweise sogar von seinen Vorgängern erbaut worden. Erst viel später wurde sie eine Kirche. Konstantin sah während einer Schlacht ein Kreuz am Himmel und hörte dazu die Worte: „In diesem Zeichen wirst du siegen." Von da an war mit den Verfolgungen Schluß. Das heißt, die Christen konnten das nun selbst in Angriff nehmen. Sie taten das auch mit viel Geschick: zu Tausenden ließ man die sogenannten „Andersdenkenden" über die Klinge springen. Die Kirche war „establishment" geworden.
Wer darum das Jahr 313 als Unglücksjahr für die Christenheit ansieht, kann als Argument anführen, daß die hohen Ansprüche der Mitgliedschaft den Wert solch eines massierten Mitgliederzuwachses illusorisch machen. Die Kirche hat nicht mit einemmal die ganze damals bekannte Welt umfassen können, es sei denn, daß Wasser in den Wein gemischt wurde. Und das geschah auch. Das lebendige Wasser der Botschaft Christi, das in Jerusalem als gewaltiger

Strom aus dem Felsen geschlagen war, wurde in Rom verdünnt und vor allem ... kanalisiert. In Hunderten kleiner Leitungen lief es zu Springbrunnen, aus denen es zierlich hervorsprudelte. Die Kirche wurde zu einer Institution. Es war ein langer Prozeß, doch diese massierte Bekehrung war der Anfangspunkt. Die späte Gotik ist, religiös gesehen, eine Abschwächung der strengen Romanik. An den überschwenglichen Fassaden der Kirchen und ihren üppigen Innenausstattungen erstarrte das Wasser dann zur Renaissance und fror schließlich ein zum Barock. Eine dicke Eisschicht legte sich über das strömende Wort. Man hörte es nicht mehr rauschen. Jedesmal versuchten die großen Reformbewegungen, wie die von Cluny, Clairvaux und La Trappe, das Wasser wieder zum Strömen zu bringen, und jedesmal wurde es bald wieder zu einem starren Block. Und wenn *etwas* in unserer Zeit erfreulich genannt werden darf, dann ist es die Erkenntnis, daß diese Schicht auftauen muß, soll der Urtext wieder gehört werden.

Es gibt deutliche Anzeichen für diese Einsicht. In Buchhandlungen und Kiosken findet man Bestseller, die früher zum kleinen Kreis theologischer Fachliteratur gehörten. In Zügen und an Stammtischen diskutiert man darüber. Die Situation der christlichen Kirche wurde plötzlich eine Aktualität. Das Christentum wurde wieder in eine Notsituation gedrängt, wo es auch hingehört. Die große Langeweile der Institution hat einer gespannten Neugier nach dem „Wie-geht-es-weiter?“ Platz gemacht. Die Kirche ist in Bewegung gekommen. Wir sind unterwegs.

San Clemente

Als ich 1953 in Rom wohnte, bin ich oft in dieser Kirche gewesen; bietet sie doch einen aufschlußreichen Querschnitt durch die verschiedenen Phasen, die das Christentum durchlaufen hat. In der Tiefe der Zeit haben sich natürlich verschiedene Schichten gebildet, und von dieser Evolution sind in San Clemente steinerne Ablagerungen erhalten geblieben. Viel von dem, was an Rom fesselt, liegt übrigens unter der Erde. Überall kann man wie ein Archäologe die Schichten des religiösen Denkens erkennen, und der Querschnitt ist hier besonders informativ: Zwei übereinandergebaute Kirchen, darunter Räume aus der Kaiserzeit und sogar aus der Zeit der römischen Republik. Die oberste Kirche ist eine Basilika aus dem 12. Jahrhundert. Das ist nicht möglich, würde man meinen, denn die reine Basilikaform war damals architektonisch längst ausgestorben. Und doch ist es so. Papst Paschalis ließ nämlich die viel ältere, darunterliegende, von den Normannen verwüstete Basilika, deren Mauern aber noch erhalten sind, mit Schutt auffüllen und darauf diese Kopie errichten. Ein ungewöhnliches Vorgehen, denn diese Art unseres heutigen „Restaurierens" kannte man damals nicht; die Menschen waren durchaus imstande, an ein altes Kleid ein neues Stück Saum anzustricken. Nur große Pietät kann in diesem Fall den eigenen Schöpfungsdrang überwunden haben. Und das stimmt, denn zwei Ambonen stammen aus der darunterliegenden Kirche. Am linken Ambo, der auch reicher ausgestaltet ist, wurde das Evangelium vorgelesen, der rechte war für die Epistel. Die durchbrochene kleine Mauer, die die „Schola Cantorum“ von drei Seiten umgrenzt, wurde ebenfalls aus der unteren Kirche heraufgeholt, ebenso die Trennwand zum Chor. An einem Stein ist noch deutlich das Monogramm Papst Johannes' VIII. zu sehen, der von 872 bis 882 regierte. Ist es nicht merkwürdig? Eine Kirche aus dem Jahre 1108 in der Form einer Basilika aus dem 4. Jahrhundert, mit der Einrichtung aus dem 9. Jahrhundert! Das Durcheinander wird noch größer, wenn man bedenkt, daß sechzehn Säulen vom Römischen Forum hergebracht wurden, die Verbindungsbögen wieder schlechte Renaissance sind. Nur der berühmte Fußboden mit dem Schlängelmotiv quer durch die Schola stammt wirklich aus dem 12. Jahrhundert. So laufen hier die Schichten wie nach einem Erdbeben kreuz und quer durcheinander.

Steigt man fünfzehn Meter tiefer in die Erde hinunter, kommt man in die alte Basilika von San Clemente aus dem 4. Jahrhundert, die von irischen Archäologen vom Schutt befreit und wieder zugänglich gemacht ist. Es kommt nicht oft vor, daß man in einem Raum steht, in dem kurz nach Konstantin schon gesungen und gebetet wurde. Ein solcher Gedanke ist keine Woge, die über einen hereinbricht, sondern mehr wie das langsame Ansteigen des Wassers, das um so höher steigt, je mehr man darüber nachdenkt. Man blickt zum Beispiel auf die vier Steine unter seinen Füßen und bedenkt, daß Jahrhunderte hindurch Menschen an genau derselben Stelle mit geschlossenen Augen gebetet und meditiert haben und daß man nun selbst da steht. Ich kann mich dann jedesmal da *fast* ganz hineinversetzen, aber ganz gelingt es nie. Welch ein wundervoller Raum übrigens! Auch hier stehen wieder antike Säulen vom Forum. Aber ein noch schöneres Beispiel für die sich übereinanderschiebenden Schichten ist an der einen Seite die Muttergottes mit dem Kind. Die Wandmalerei ist von der Zeit etwas ausgewischt. Das starre, symmetrische Gesicht der Frau mit den großen Augen ist deutlich byzantinisch. Und dann ist es auch nicht Maria, sondern Kaiserin Theodora, die Gemahlin Justinians, gestorben im Jahre 550. Das Kind hat man später dazugemalt und dabei den einen Arm der Kaiserin etwas verlängert. Das ist deutlich zu sehen. Es ist seltsam, daß man die religiösen Veränderungen im Denken der Menschen sozusagen als Korrektur in den Druckfahnen vor sich sieht.

Immer tiefer steigen wir hinab in den Schacht der Zeit. Ich stehe jetzt *unter* der Basilika aus dem 4. Jahrhundert und befinde mich im 1. Jahrhundert nach Christus, in dem die antiken Götter noch in einem verbissenen Kampf mit diesem sonderbaren Galiläer aus dem Osten stehen. In einem engen Gang, dreißig Meter unter der Erdoberfläche, steht man genau an der Demarkationslinie zwischen Alt und Neu. Die mächtigen Steinquader auf der einen Seite

bildeten einst die Mauern eines römischen Palastes, der Residenz der Familie Flavius. Clemens, der dritte Papst nach Petrus, war ein Flavier, umgebracht unter Kaiser Domitian. Es ist möglich, daß hinter dieser zyklopischen Mauer die ersten christlichen Mysterien heimlich gefeiert wurden. Im Gegensatz zur anderen, gegenüberliegenden Mauer, die zu einem römischen Patrizierhaus gehörte und hinter der noch ausschließlich dem Mithraskult gehuldigt wurde. Mithras wurde vor allem von den römischen Soldaten als Symbol der Unverwundbarkeit verehrt. Sein Heiligtum ist hier unten erhalten geblieben.
Weiter können wir im Tunnel der Vergangenheit nicht vordringen. Mithras ist ein Gott aus einer Gegend Kleinasiens, dem heutigen Persien, worauf seine phrygische Mütze deutlich hinweist. Er ist neben einem Stier dargestellt, dem er mit einem Messer den Todesstoß gibt. Aus der Wunde fließt lebenspendendes Blut. Mithras wurde auch als Heilbringer verehrt, als Quelle der Kraft sowie als Genesender. Symbol der Genesung ist in römischer Zeit eine Schlange. Sie ist unten am Sockel der Mithrasskulptur abgebildet und sieht genauso aus wie das Arztzeichen an der Windschutzscheibe eines Autos. Rund um das Standbild befinden sich Liegebänke für die Eingeweihten. Sie sind noch ziemlich gut erhalten. Es war nicht so einfach, zu den Mysterien zugelassen zu werden. Nicht weniger als achtzig Prüfungen von zunehmender Schwierigkeit hatten die Aspiranten abzulegen. Diese Prüfungen bezogen sich alle auf die Fähigkeit zur ... Askese. Man mußte Hunger

und Durst ertragen können, Schmerz, Einsamkeit, Schweigen und sexuelle Enthaltsamkeit. Auffallend, daß das letzte religiöse Aufleben *vor* dem Christentum gerade darauf den Akzent legt, als wäre eine Brücke zu der kommenden Sicht geschlagen worden. Dieser Gedanke verstärkt sich noch, wenn man berücksichtigt, daß die um die Mithrasdarstellung zu Tische Liegenden ein Mahl von Brot und Wein verzehrten. Ich will im Mithraskult keine Vorausdeutung der christlichen Agape sehen, die sich grundsätzlich von ihm unterscheidet. Aber dennoch, die *Formen* lagen bereit, und vielleicht ist das der Grund, warum die römischen Legionssoldaten, die diesen Gott anbeteten, leichter als andere zur christlichen Liturgie übergingen.

Ich sagte schon, daß man nicht tiefer hinabsteigen kann. Doch unter dem Fußboden hört man das Rauschen von Wasser. Es stammt von einer Quelle, auf die man vor einigen Jahren stieß und über die man damals ein Gitter legte. Durch die Stäbe erkennt man unten das dunkle Wasser. Ich glaube, daß man sich hier wirklich an der Wurzel des mächtigen mystischen Baumes befindet, der oben seine Zweige ausgebreitet hat. Solange Menschen leben, schrieben sie dem Wasser magische Kraft zu. Das ist der tiefste Grundstein, auf dem diese Pyramide von Beten und Flehen ruht. Wasser, das strömt.

Il Gesù

Ignatius von Loyola gehört zu den Heiligen, die den Strom wieder in Bewegung bringen wollten. Einer der Eisbrecher der katholischen Kirche. Er fuhr aus im Jahre 1534. Zurück zu Mäßigung, Einfachheit und Armut. Wenn ich als Junge öfter in ein Pfarrhaus der Jesuiten kam, fiel mir auf, wie kahl die Zimmer dort waren und wie leer die Gänge. Das Kloster bei der Kirche ‚Il Gesù' ist so ein Pfarrhaus. Ignatius hat hier als Stifter und erster General der Gesellschaft Jesu selbst gewohnt. Die Ironie will es, daß ausgerechnet um diesen Erneuerer ein gewaltiger Reliquienschrein errichtet ist. Macht man seine Türen auf, ist man sprachlos! Ein Prunkkabinett, voll mit totem Gebein von Heiligen, die genau das Gegenteil dessen wollten, was hier mit ihren Resten angestellt wird. Ignatius selbst steht fassungslos mittendrin, verblüfft vom Widerspruch zwischen dem, was er eigentlich meinte, und dem, was andere daraus gemacht haben. Aber die Gerechtigkeit gebietet, festzustellen, daß solche Auswüchse in der katholischen Kirche heute nicht mehr aktuell sind.

Der Schrein bleibt heute meist geschlossen. Er wird aus Pietät aufbewahrt, was ich verstehe. Das Grab des Ignatius ist auch nicht schlecht. Prunkvoller geht es nicht. Seltsam, daß einer, der in bezug auf seine Person anspruchslosesten Heiligen, die jemals gelebt haben, über seinen hageren Leib solch einen vulkanartigen Ausbruch an Marmor, Gold und Edelsteinen hat ergehen lassen müssen. Mit diesem Monument und der Kirche ‚Il Gesù', in der es steht, hält das Barock seinen Einzug in Rom. Von diesem Zeitpunkt an wirft sich die Kirche den glitzernden Mantel über, den sie nun langsam anfängt abzulegen.

Der Petersplatz

Wie weit kann Pathos gehen? Wo ist die Grenze? Irgendwo kommt man an diese feine und dennoch kritische Linie, über die hinaus man sofort spürt, jetzt sind wir zu weit, das wird ... pathetisch. Der Petersplatz liegt gerade noch vor dieser Schranke und ist deshalb von geradezu beängstigender Schönheit. Beginnen wir mit der rein quantitativen Feststellung, auf die Amerikaner so närrisch sind: Es ist der größte Platz der Welt. Das steht schon mal fest. Aber weiter. Was macht diesen Platz zu dem, was er ist? Zwei Einfälle: der doppelte Säulengang und seine elliptische Form. Die berühmten Kolonnadengänge sind wie zu einer riesigen Umarmung geöffnet, was auch genau Berninis Absicht entsprach. Er schreibt an einen Freund: „Ich will damit die Vorstellung einer Umarmung wecken, einer Kirche, die für die Welt offensteht." In diese Idee war auch das Element der ... Überraschung einbezogen. Man quälte sich eine halbe Stunde durch die engen Gäßchen der „spina", so hieß das Viertel, und plötzlich, gleichsam in *letzter* Sekunde, öffnet sich dieser riesige Raum, von dem man auf einmal umfangen wurde. Mussolini hat das Viertel abgerissen und durch die schnurgerade und stinklangweilige Via della Conciliazione ersetzt, durch die man eine Viertelstunde lang ungefeit dieser Umarmung entgegenstrebt. Ist man endlich dort, hat sich die Spannung längst gelegt. Solche Torheit finde ich unverzeihlich. Ich sage das mit solchem Nachdruck, weil unsere heutige Städtearchitektur von demselben Irrtum ausgeht. Diese ganze sogenannte monumentale Anschauung – Rotterdam ist eins ihrer traurigen Beispiele – kennt das Hilfsmittel der Überraschung nicht. Ich bin nicht gegen Monumentalität. Großes muß überraschen, und das kann es nur, wenn es aus einer Intimität emporsteigt. Es ist eine Kontrasterscheinung. Diktatoren begreifen das nie. Es ließen sich viele Gründe anführen, warum de Gaulle abgelöst wurde, aber einer der wichtigsten mag sein ständiges Pathos sein, wodurch keine Klimax entstand. Es gibt nichts Ermüdenderes als das Ausbleiben einer Spitze, weil *alles* Höhepunkt ist. Bernini wußte das. Er machte von der „spina" Gebrauch. Bricht man sie ab, ist der Platz nicht länger ein Paukenschlag nach einem vorausgehenden Pianissimo.

Die vielen Figuren auf den Kolonnaden mag ich gern. Das hängt wohl mit meiner Erziehung zusammen. Sie stellen die „Gemeinschaft der Heiligen" dar. Das ist wunderbar, aber schwierig zu erklären, ohne dabei langweilig zu werden. Es ist eine Idee, die das ganze Mittelalter beherrscht.

Ich habe vor Luther große Achtung. Wenn ich ihm aber *etwas* übelnehme, dann dies, daß er *diesen* Gedanken ablehnte. Er bedeutet, daß die Kirche auch die Toten umfaßt. Und diese wurden wieder in solche eingeteilt, die bereits selig waren, und solche, die noch geläutert werden mußten; die Seelen im Fegefeuer. Die triumphierende und die leidende Kirche. Außerdem gab es noch eine dritte Division: die Gläubigen auf Erden, auch die streitende Kirche genannt. Diese Einteilung war keine theoretische Konstruktion einiger gelehrter Theologen, sondern lebendige Wirklichkeit. Ich erinnere mich noch gut, wie bei uns zu Hause jeden Abend für diverse Tanten und Onkel gebetet wurde, denn wir hatten eine ganze Menge von ihnen, und sie waren alle *nicht* selig. Dagegen mußte etwas unternommen werden. Dies bewirkte die Jahre hindurch eine tiefe Verbundenheit mit den Verstorbenen. Ab und zu fiel ein Name weg, für den war genug getan. Meine Mutter rechnete das so ungefähr aus, denn man konnte ja nicht endlos weitermachen. Doch manchmal wurden auch Tanten *angerufen:* die hatten es geschafft. Die konnten jetzt etwas für *uns* tun. Tante Wies war so eine starke Seele. Namen von Onkeln erinnere ich mich nicht in dieser Eigenschaft vernommen zu haben. Es gab auch bestimmte kanonisierte Heilige, die bei uns zu Hause in hohem Ansehen standen: Therese von Lisieux, Antonius von Padua (aber nur, wenn etwas verschwunden war), der Erzengel Michael, Maria selbstverständlich, der heilige Blasius (gegen Halsschmerzen), später bei uns verdrängt vom heiligen Nikolaus von Tolentino, der heilige Joseph (für einen seligen Tod), der Pfarrer von Ars (für Berufungen), der heilige Franz von Assisi (für alles) und so weiter. Das gab ein warmes Gefühl. Und das erkenne ich auf diesem Platz wieder. Denn was hat Bernini getan? Er setzte auf seine Säulengänge nicht weniger als hundertundvierzig Heilige. Da die Kolonnaden uns umgeben, stehen wir auf einmal mitten in einer großen Familienversammlung und sehen uns umgeben von einer Vielzahl von Onkeln und Tanten, die es geschafft haben und auf deren Fürbitte man rechnen kann. *Das* ist die Idee. Daß die Standbilder von den meisten Menschen tatsächlich nur touristisch betrachtet werden, wie etwas, das man gesehen haben muß, spielt jetzt keine Rolle, es geht hier um den Gedanken, der dahinter steht: die *Gemeinschaft* der Heiligen.

Die Frage, ob dieser Gedanke noch lebendig ist, ist schwer zu beantworten. Als Holländer ist man geneigt, „nein" zu sagen, was jedoch noch kein Grund ist, anzunehmen, daß diese Idee auch in anderen Ländern sich verflüchtigt hat. Wir müssen in diesem Zusammenhang erwähnen, daß im Mittelalter eine Auswucherung um sich griff, wodurch die Konstruktion bei den Reformatoren in Mißkredit geriet. Mißbräuche mit Ablässen und andere pfiffige Praktiken, Handel mit Reliquien, kurzum: der ganze Hokuspokus, den es jetzt nicht mehr gibt. Übrigens, den Ausdruck Hokuspokus gibt es in allen europäischen Sprachen. Er leitet sich ab von der Konsekrationsformel, den Worten also, die Christus beim letzten Abendmahl sprach. Dies ist mein Leib: „Hoc est corpus." Rasch gesprochen, kommt Hokuspokus heraus. Die Entstellung ist kennzeichnend für die

Verschiebung von Mysterium zu Magie, von der jede Kirche und speziell die katholische immer wieder bedroht ist. Das fast unmerkliche Abgleiten zum Devotionalienladen, in dem Zaubersprüche zu kaufen sind. Noch 1870 war diese Gefahr wirklich gegeben. Aus jener Zeit stammen auch die zwei Statuen unten an der Treppe zum Petersdom. Sie stellen Petrus und Paulus dar. Die Einwohner Roms haben über sie damals eine ironische Anekdote in Umlauf gebracht. Der eine Apostel weist nach unten. Man behauptet, daß er sagt: „Qui si fa la fede“, das heißt: „Hier wird der Glaube gemacht.“ Der andere, der in die Ferne zeigt, sagt: „Fuori si crede“, und das bedeutet: „Dort draußen glaubt man.“ Das war nicht die Absicht des Bildhauers.

Ich zuckle nun mit einer der kleinen Pferdekutschen, die man mit viel Gefeilsche auf dem Petersplatz mieten kann, durch Rom. Diese Art der Fortbewegung verleiht nichtsdestoweniger ein aristokratisches Gefühl. Man spürt die Neigung, unterwegs ein paar Münzen unter den Pöbel zu werfen. Dieser Neigung kann nicht nachgegeben werden, denn da ist kein Pöbel. Ich bin umringt von anonymen Stücken Blech, die mit größter Geschwindigkeit in alle Richtungen davoneilen. Dazwischen trappelt das Pferdchen, hinter sich herziehend eine Insel der Ruhe. Ein Atavismus; man kommt sich ein bißchen lächerlich vor, und man ist es auch. Die Situation läßt an den Verwaltungsapparat der Kirche denken, der „Kurie“ genannt wird. Inmitten des fieberhaften Verkehrs der großen Denkbewegungen bewegt sich langsam das klerikale Wägelchen des Vatikans, das überall zu spät kommt. Zu spät mit dem Eingeständnis, daß Galilei und Giordano Bruno recht hatten; zu spät mit der Einsicht, daß an der Evolutionslehre von Darwin etwas dran ist; zu spät, um in Freuds Psychoanalyse etwas zu sehen; zu spät mit der Emanzipation der Arbeiter, mit der Entwicklung in Sachen Zölibat; und bald wieder zu spät mit der Geburtenregelung. Wir schaffen es schließlich schon, aber dann haben die anderen es längst geschafft. Die Kirche hebt immer noch ihren mahnenden Finger, wenn es schon lange nichts mehr zu mahnen gibt.

Man hört zwar sagen: Dies sind nur Randgebiete; in Glauben und Sitten jedoch irrt die Kirche nicht. Aber sind das tatsächlich Randgebiete? Wer die bekannte Liste überfliegt, fragt sich, was denn wirklich das Tragende ist! Wenn dem im übrigen so wäre, wie könnte dann die Kirche ihre Gläubigen von diesen Randgebieten mit Argumenten zurückhalten, die gerade auf Glauben und Sitten basieren? Da stimmt etwas nicht. Die häufigen Fehlgriffe der Kirche gingen natürlich nicht spurlos an ihrem Prestige vorbei. Schnitzer müssen bezahlt werden. Ihr Preis ist, daß der Kreis von bejahrten Herren, der in Rom die Mannschaft stellt, immer weniger Vertrauen genießt. Wer immer wieder hinter den Tatsachen herhinkt, verliert am Ende zwangsläufig an Autorität. Die Kirche ist heute bescheidener oder, besser gesagt, *vorsichtiger* geworden. Bezahlen muß sie dennoch. Ludwig XVI. war sicher entschieden besser als sein

Vater und Großvater, wurde aber trotzdem geköpft. Eine Schuld von Jahren hatte sich angesammelt, und beim Aufrechnen war er zufällig die letzte Ziffer. So bekommt auch die Kirche von heute die Rechnung präsentiert.

Inwieweit ist die Kirche nun wirklich bescheidener geworden? Das Dogma von der Unfehlbarkeit ist doch erst ein Jahrhundert alt? Gewiß. Man kann das innerhalb einer zweitausendjährigen Geschichte ein noch ziemlich frühes Ereignis nennen. Aber wie oft wurde dieses Dogma praktisch angewendet? Genau einmal, und zwar 1951. Es mutet schon fast komisch an, wenn man bedenkt, welche schrecklichen Folgen man davon erwartete. Bismarck hatte eine Heidenangst davor, Napoleon drohte seine Truppen aus Rom abzuziehen, und selbst ein Mann wie Gladstone bezog in seinem bombastischen Pamphlet „Vaticanism" dagegen Stellung, weil er glaubte, die englischen Katholiken würden damit der britischen Krone als Untertanen verlorengehen. Keiner der Drei konnte voraussehen, daß es 80 Jahre dauern sollte, bevor ein Papst diese Macht gebrauchen würde, und dabei auch nur in bezug auf einen Punkt der Marienlehre, der keine Menschenseele interessiert. Im übrigen scheint mir die Anerkennung einer Autorität, die sich in Glaubens- und Sittenfragen nicht irren kann, die logische Konsequenz jener Struktur zu sein, die die katholische Kirche nun einmal hat. Wie kann man von apostolischer Sukzession sprechen, wenn in dieser langen Kette *ein* Glied gerissen ist? Ein scharfer Intellekt wie der Newmans sah das auch ein, und es war sogar diese unerbittliche Konsequenz, die den Anstoß zu seinem Übertritt gab. Selbstverständlich verstand er diese Unfehlbarkeit kollegial, da ja auch die Bischöfe unter die apostolische Sukzession fallen. Wenn man von einer hochmütigen Kirche spricht, denke man nicht an die Dogmen, denn die sind „few and far between", sondern an die päpstlichen Enzykliken. Die Haare stehen einem zu Berge, wenn man den „Syllabus Errorum" von 1864 liest. In 80 Thesen wendet sich Papst Pius IX. gegen die Strömungen seiner Zeit. Er geht daraus als eine Gestalt hervor, neben der ein Mann wie Metternich ein progressiver Geist genannt werden muß. Es ist nicht zu fassen. Wer für Demokratie eintritt, wer für freie Meinungsäußerung ist, wer glaubt, daß die Wissenschaften Anspruch auf Wahrheit haben: *anathema sit* – er sei verflucht. Sechs Jahre später wird dieser dritte Punkt auf dem I. Vatikanischen Konzil ein zweites Mal festgenagelt. „Wer sagt, es sei möglich, daß man den von der Kirche vorgelegten Glaubenssätzen entsprechend dem Fortschritt der Wissenschaft gelegentlich einen anderen Sinn beilegen müsse als den, den die Kirche verstanden hat und versteht: anathema sit." Das geschah natürlich, um die buchstäbliche Interpretation der biblischen Schöpfungsgeschichte Darwin gegenüber aufrechtzuerhalten. Wer glaubt aber noch an jene sieben Tage? Inzwischen steht es aber da. Man könnte beschwichtigend sagen: Das ist längst ein Jahrhundert her. Gut und schön. Aber erstens *gilt* diese Entschuldigung nicht für eine Instanz, die sich durch das

Dogma der Unfehlbarkeit außerhalb der *Zeit* stellt; man kann eben nicht auf zwei Schultern tragen. Und zweitens ist es so weitergegangen. Das Dekret „Lamentabili“ – ein schöner Titel übrigens – von Pius X. aus dem Jahre 1907 umfaßt nicht weniger als 65 Thesen gegen den „Modernismus“, und die sind kein Pappenstiel. Man traut seinen Augen nicht. So wird jedesmal die Uhr zurückgestellt, indessen außerhalb des Vatikans die Zeiger unaufhaltsam weiterrücken. Die Kirche hinkt hinterher.

Statt von einer neuen Bescheidenheit sollte man vielleicht eher von „Vorsicht“ sprechen. Verglichen mit Papst Pius XII., der ungefähr jeden Monat eine Enzyklika losließ, ist Papst Paul behutsamer. Man kann von einer Verbesserung sprechen, aber das genügt nicht. Die Kirche muß *voran*gehen. Die Papstrede vor der Uno-Vollversammlung in New York verpflichtete zu nichts und lief auf akademisches Gerede hinaus. Genauso freibleibend war seine Ansprache in Südamerika, wo die Menschen vor Hunger krepieren. Solche Vorsicht in Notsituationen macht schuldig. Man macht zwar keine Schnitzer, aber durch das Verschweigen der Kernprobleme entsteht eine klare Mitschuld. Auf einem solchen Posten muß man es wagen, sich die Finger zu verbrennen, will man nicht mit dem Establishment identifiziert werden; *denn das geschieht.* Die Kirche ist in den Augen der Menschen die etablierte Ordnung. Das darf sie aber nicht sein. Jedenfalls nicht in dieser Zeit. Sie ist Wasser, das strömt, kein stiller Teich.

Denn was ist im Grunde die Kirche? Die Nachfolgerin Christi auf Erden. Wer aber war Christus? Ein Erneuerer. Er ging Risiken ein. Es waren die Apostel, die immer wieder eingeschlafen sind. Was das betrifft, ist die apostolische Nachfolge erfolgreich gewesen. Was bleibt von der Kirche übrig? könnte man einwerfen. Doch Vorsicht: Rom ist nur ein Stück der Kirche. Das administrative Zentrum. Das Schwungrad, das reguliert. Der Motor ist anderswo. Die eigentliche Ecclesia sind die Menschen um uns. Sieh sie dir an: lauter Menschen, die mitten im Leben stehen, die beweglich sein, schnell reagieren und Augen und Ohren offen haben müssen. Dazwischen zockelt das Wägelchen der Kurie: zwischen den Missionaren, die schon längst das durchgeführt haben, worüber Rom noch nachdenkt, zwischen Arbeiterpriestern, den offenen Klöstern, den Studentenpfarrern, den Ordensfrauen, die Erneuerung verwirklichen, und den rührigen Arbeitern im Weinberg – und die Kutsche rollt gemächlich weiter.

Auf der Piazza del Popolo

Inzwischen haben wir die Piazza del Popolo erreicht. Ich habe mich hier mit einem gewissen Father Stransky verabredet, der vorgestern erst zum Oberen der Kongregation der „Fathers of St. Paul“ gewählt wurde. Um das zu feiern, haben wir gestern abend zusammen gegessen. Ein ausgezeichnetes Diner.
Von Pater Stransky ist noch nichts zu sehen. Ausländische Priester, die in Rom zu einer Verabredung zu

spät kommen, lassen dadurch erkennen, schon recht gut eingebürgert zu sein. Um diese Verspätung auszunutzen, könnte ich jetzt das eine oder andere über diesen berühmten Platz erzählen. Doch beschränke ich mich lieber auf *eine* Besonderheit. Hier hat Luther vier Wochen lang gewohnt. Er verließ am 3. November 1510 zu Fuß Wittenberg und kam gegen Weihnachten durch die Porta del Popolo in Rom an. Er wendete sich sofort nach links, denn neben der Porta lag ein Kloster des Augustinerordens, dem er selbst angehörte. Es wurde 20 Jahre später beim Sacco di Roma niedergebrannt. Die Kirche daneben, in der er täglich die Messe zelebrierte, steht noch. Sie heißt Santa Maria del Popolo. Luther hat die religiöse Handelsbörse, die Rom damals war, an Ort und Stelle erlebt. Simonie und Nepotismus beherrschten den kirchlichen Apparat. Der Vatikan war Treffpunkt von Kurtisanen und Lustknaben, Papst Julius II., mit Recht „Il Terribile" genannt, im Mittelpunkt. Die ganze Stadt – sie hatte übrigens nicht mehr als 40000 Einwohner – war ein einziger Devotionalienladen. Luther pilgerte fromm von einer Kirche zur anderen, verdiente sich überall Ablässe und betrachtete voller Ehrfurcht die Reliquien, die ihm gezeigt wurden.

„*Ich glaubte alles*", schreibt er über jene Zeit. Welche Anklage liegt in diesem rührenden Bekenntnis! Ironie war seiner bäurischen Natur vollkommen fremd; darum ist dieser Satz so ergreifend. Er erwähnt noch voller Ehrfurcht „den Strick, an dem Judas sich erhängte, und einen Stein, in den Petrus eine fingerbreite Rinne geweint hatte". Klingt es nicht wie ein letztes Echo aus dem Mittelalter? Und doch, auf diesen Platz ist die Saat der Reformation gefallen. Gerade weil Luther ein Mann war, der es ernst meinte und „alles glaubte", kann ihm der Verfall nicht entgangen sein. Als Kind seiner Zeit hat er sich vermutlich nicht einmal so sehr daran gestoßen. In Deutschland war es wohl nicht viel besser. Doch die Eindrücke drangen in sein Unterbewußtsein, und sieben Jahre später kam der ganze Unmut hoch. Was wir nicht ausdrücklich betrachten, das sehen wir.

Inzwischen haben wir die Piazza del Popolo erreicht. Und da kommt schon unser Gast. „Pater Stransky! Hier, links! Steigen Sie ein, es fängt an zu regnen."

„Das ist nett. Eine Pferdekutsche. Ich bin noch nie in so einem Ding gesessen. Vom Petersplatz!"

„Ja."

„Warum?"

„Weil ich es hübsch fand. Und auch, weil ich sie als Bild brauchte."

„Wieso als Bild?"

„Als Bild für die träge römische Kurie in einer sich schnell verändernden Welt."

„Kein schlechter Vergleich. Lassen Sie uns auf den Monte Pincio fahren und die Aussicht genießen."

„Einverstanden. Inzwischen meine erste Frage. Die Autorität des Papstes befindet sich momentan in einer Krise, oder sie läßt jedenfalls deutlich nach. Immer mehr Katholiken regeln ihr Leben ohne ihn. Sehen Sie eine Möglichkeit, daß seine Stimme wieder Klang bekommt?"

„Es gibt nur *ein* Mittel, und das ist *nicht* der ständige Appell zum Gehorsam. Autorität muß sich selbst wahrmachen, dann wird wieder auf sie gehört. Der katholische Gläubige ist weniger daran interessiert, was der Papst sagt, als daran, was Christus gesagt hätte, würde er heute leben und wissen, was heute gewußt wird. Sobald seine Stimme wieder erklingt, kommt die Aufmerksamkeit von selbst."

„Glauben Sie in Ihrer früheren Funktion dazu beigetragen zu haben?"

„Ich habe neun Jahre im Sekretariat für die christliche Einheit gearbeitet. Ich glaube, daß gerade die Ökumene eine große Chance bietet, zu neuer Autorität zu gelangen. Die Glaubensverbundenheit der christlichen Kirchen ist eine neue Kraft. Als Papst Johannes vor neun Jahren das Einheitssekretariat errichtete, bestand in dieser Richtung ein diffuses Verlangen, aber *er* kristallisierte diese vage Wolke. Das kann nur ein Mann mit echter Ausstrahlung. Damals besaß der Papst Autorität, nicht weil er das so gern wollte, sondern weil er etwas tat, was Autorität mit sich brachte. Er ging *voran*. Und dann hat man immer etwas hinter sich."

„So gesehen, ist der ganze Kummer um Autorität ein Scheinproblem."

„Genau. Man muß etwas aussprechen, dessen Wahrheit von jedermann oder jedenfalls von den Besten intuitiv verstanden wird. Von diesem Augenblick an ist Autorität eine Zugabe. Sie kommt von

selbst. Sie ist kein Ziel, sie ist vielmehr eine Folge."
„Sie steckten mitten in der römischen Kurie. Können Sie darüber etwas sagen?"
„Ich kann darüber sagen, daß ich diese Erfahrung nicht bedauere. Aber ich füge unmittelbar hinzu, daß der Mann, der gar zu gern in die Kurie kommen möchte, auch der Letzte ist, der dorthin gehört."
„Ich liebe Paradoxe, und dieses gefällt mir besonders gut. Paradoxe haben aber den Nachteil, daß sie das zu Beweisende nur wiederholen."
„Können Sie etwas deutlicher werden?"
„Ich will damit sagen, daß die richtige Verfassung eines Mitgliedes der Kurie eine beständige und möglichst wachsende Verärgerung ist. Erst wenn er denkt: Ich gehöre hier im Grunde nicht hin, kann er dort etwas ausrichten. Das Tempo ist minimal. Seine Ursache ist kein Mangel an Eifer, sondern liegt in der Verschiedenheit der katholischen Welt. Was für Holland gut ist, ist für Bolivien weniger gut, und wofür Westdeutschland aufgeschlossen ist, dafür ist Portugal noch lange nicht reif."
„Eine Prozession schreitet so langsam wie der Mann mit dem Holzbein, der mitgeht."
„Den Satz werde ich mir merken."
„Was ist dagegen zu tun?"
„Dezentralisierung. Der Glaube an sich hat nur *eine* Farbe, aber seine konkrete Gestalt muß bunt sein. Dazu darf ich ein Bild liefern. Man kann es mit einem Bett vergleichen. Wir liegen alle auf demselben weißen Bettuch, aber die Zudecken sind recht bunt gefärbt." „Notiert."

Der Segen des Papstes

Jeden Sonntagvormittag gegen Zwölf erscheint der Papst am Fenster seines Arbeitszimmers und erteilt von dort aus den Segen. Nicht „Urbi et Orbi", sondern mehr örtlich. Wenige Menschen wissen, daß er dazu eine kleine Fußbank benutzt, denn das Fensterbrett liegt so hoch, daß sonst nur sein Kopf zu sehen wäre. Es ist viertel vor zwölf, und der Petersplatz füllt sich mit immer mehr Menschen. In diesem Brauch steckt noch etwas von Pfarrgemeinde, und das ist das Schöne daran. Der Papst ist außer Pontifex Maximus auch Bischof von Rom und Pfarrer dieser Kirche. Übrigens ist der Dom von hier aus nicht schön. Man steht zu nah davor. Die Vision Michelangelos wird von Madernas kolossaler Fassade völlig blockiert, und die riesigen Bronzebuchstaben – jeder 2 m hoch – machen die Sache nicht besser. Sie zeigen an, daß Paul V. die Kulisse im Jahre 1612 errichten ließ, und zwar zu Ehren des ersten Apostels, also des Petrus, doch dieser Name wird hier nicht erwähnt, wohl aber der seine. Dadurch *und* durch den lateinischen Satzbau bleibt die Auslegung offen, daß mit jenem Apostelfürsten Paulus selbst gemeint ist, und es ist nicht ausgeschlossen, daß dies auch beabsichtigt war. Inzwischen warte ich inmitten der Menschenmenge auf den sechsten dieses Namens. In solchen Situationen denke ich: Was macht der Papst gerade in diesem Moment? Kniet er am Boden und betet, oder trinkt er eine Tasse Kaffee mit seinem Sekretär? Fragt er womöglich: Wirf doch mal rasch einen Blick durchs Fenster, wieviel Leute es diesmal sind? Oder spricht er weiter über wichtige Angelegenheiten? Man weiß es nicht und kommt auch niemals dahinter: Niemand ist so einsam wie eine öffentliche und jedem zugängliche Person. Gerade weil er öffentliches Eigentum ist, wird sein Privatleben doppelt gehütet. Dadurch entsteht die Vermutung, daß er auch keins hat. Wir hatten in unserer Klasse einen Jungen, der erzählte, daß der Papst nicht auf die Toilette gehe. Er sei der einzige auf der Welt, der davon keinen Gebrauch mache. Ich glaubte ihm sofort. Der Gedanke macht mir übrigens noch immer Schwierigkeiten. Der Versuch, sich solche Persönlichkeiten im Bad vorzustellen oder unter der Dusche, auf der Toilette, wie sie vor dem Schlafengehen in einen Pyjama schlüpfen, steht so sehr im Widerspruch zu der Fassade, die sie uns zuwenden, daß wir gewissermaßen etwas überwinden müssen, um in diese einfachen menschlichen Bereiche einzudringen. Bei Papst Johannes fiel diese Schwelle fort. Bei ihm hatte man den Eindruck, daß sein offizielles Leben mit seinem Privatleben zusammenfiel. Wieso weiß ich nicht. Man hätte ihm wirklich nachts im Schlafanzug auf einem der Gänge im Vatikan begegnen können, ohne schockiert zu sein. Ich merke bei vielen Nicht-Katholiken: Was sie auch gegen alles Kirchliche einzuwenden haben – *dieser* Mann bleibt stehen. Auch bei Katholiken ist er unantastbar. Er brachte frischen Wind in den Betrieb, er feilschte nicht. Wären wir jetzt weiter, hätte er noch länger gelebt? Das glaube ich nicht. Johannes wäre in dieselbe Situation gekommen wie Paul heute. Er starb bloß zur rechten Zeit. Menschen seiner Art sagen etwas, das in der Tat das Wasser wieder in Bewegung bringt. Doch den Wassersturz, den er letzten Endes entfesselte, hatte Johannes nicht vorausgesehen. Er wäre genauso darüber erschrocken gewesen wie sein Nachfolger heute. Sie schreiben etwas nieder und sterben dann. Dadurch bleiben die Worte wie in Fels gemeißelt stehen. Weder Wind noch Wetter können ihnen zusetzen. *Es gibt keine Erosion.* Auch Kennedy ist das erspart geblieben. Wäre er nicht ermordet worden, dann hätte auch er Vietnam am Bein gehabt. Bei uns in Holland ist Bischof Beckers so ein Beispiel. *Was* sein Nachfolger auch beginnt, es bleibt immer ein Manövrieren im Vergleich zu seinen markanten Worten. Sie können nicht ausgewischt werden, denn die Hand, die sie niederschrieb, ist nicht mehr. Jeder, der eine solche Nachfolge antritt, hat mit lapidar gesetzten und unmißverständlichen Worten zu kämpfen, die er in der Praxis wahrmachen muß. Und das steht auf einem anderen Blatt. Hinter Paul VI. erhebt sich die unversehrte Gestalt Johannes' XXIII., die ihm zu schaffen macht. Wie er es auch anstellt und was er tut, es wird nie das sein, was der Schatten seines Vorgängers immer noch erwarten läßt. Mehr als eine Erwartung ist es jedoch nicht. Was Johannes selbst daraus gemacht hätte, weiß freilich niemand. Wer aber sein Tagebuch kennt, kann daraus schon etwas entnehmen. Er erweist sich darin als sehr frommer, nach bewährten Prinzipien des geistlichen Lebens ausgerichteter Mann, und nichts weist in seinen Aufzeichnungen darauf hin, daß er den vielen progressiven Wünschen, mit denen Paul VI. konfrontiert wird, zugestimmt hätte. Wir hätten auch ihn auf die Anklagebank gesetzt. Nur er hat das Alibi des Todes. Paul VI. nicht.

Jetzt ist der Papst am Fenster erschienen. Wie klein er wirkt. Jetzt werden einem erst die Ausmaße eines solchen Fensters klar. Eine winzige Puppe in einem Riesenrahmen.

Über die gewaltigen Proportionen der Vatikanstadt erzählte mein Vater immer, als wir Kinder waren. Er war auf seiner Hochzeitsreise in Rom und betrat den Petersdom. Nanu, dachte er, was bedeuten bloß die zwei marmornen Schwimmbecken dort rechts und links? Er kam da nicht mit. Wir natürlich auch nicht. Und dabei beließ er es eine ganze Weile. Dann machte er sich auf den Weg zum Altar. Er beschrieb das wie einen Ausflug, zu dem man in der Früh mit Butterbroten aufbricht. Nach einem Marsch von dreiviertel Stunden drehte er sich, ungefähr in der Mitte des Mittelganges, einmal um und schaute noch einmal auf die beiden Schwimmbecken zurück. Und erst *dann* wurde er sich der Möglichkeit bewußt, daß es sich hier um Weihwasserbecken handeln könnte. Ich habe das nie vergessen. Die Peterskirche hat mich dann später auch etwas enttäuscht, wie alles, was mein Vater vorher beschrieben hatte.

Der Papst ist in Weiß. Das wirkt besonders imponierend, vor allem wenn ihm Kardinäle in Purpur, Bischöfe in Gold vorangehen. Eine Antiklimax an Einfachheit, in der beschlossen liegt: *Er* hat das nicht nötig. Napoleon tat das auch: eine kleine Gestalt im schmucklosen grünen Frack, und voran die Marschälle, die Brust steif vor lauter Orden. So etwas wird nicht ausgedacht, sondern geschieht intuitiv. Die Wirkung ist niederschmetternd, denn jeder fühlt: *so* und nicht anders. Paul VI. macht diese typisch italienischen Handbewegungen, als schöpfe er das Rauschen der Ovation nach oben und gebe es dann wieder zurück. Früher konnten die Päpste – ohne Mikrophon – nichts sagen. Sie beschränkten sich auf den Segen, denn den konnte man sehen. Heute ist das anders. Papst Paul spricht über die Einheit der katholischen Kirche und den Gehorsam, den man der obersten Autorität schuldig ist. Charakteristisch für die Situation. Jetzt erteilt er den Segen, und jene uralten Worte kommen aus seinem Mund. Es ist geschehen. Das Haupt einer Kirche, das seine Arme weit ausstreckt und den Vater, den Sohn und den Heiligen Geist anruft. Es ergreift mich immer wieder ein Schauer. Zugleich *sieht* man, wie ungeheuer weit er von uns entfernt ist: eine Silhouette in einem Fensterrahmen. Man möchte ihm die Hand reichen, aber das geht nicht. Im übrigen ist mir noch aufgefallen, daß nur ein paar Menschen um mich wirklich niederknieten. Zu meiner Zeit, als ich hier wohnte, kniete der ganze Platz. Es war, als bliese ein Windstoß vom Himmel alle zu Boden. Auch das ist vorüber. Es beweist ja nichts, aber ich rechne es doch zu den anderen Punkten.

Ich schlendere zu den Andenkenständen rechts und links des Petersplatzes. Der Papst weiß wahrscheinlich nicht, daß sich dort allerlei gewiefte Burschen ansäßig gemacht haben. Wo Pilger sind, da ist auch Handel. In allen Preislagen sind die Heiligen zu haben. Große und kleine. Ich erkenne sie alle wieder, denn die leere Anmut all dieser Kastrierten ist scheinbar international. Ich wohnte als Student in Nijmegen eine Zeitlang bei einem Ehepaar, das so ein Geschäft führte. Manchmal mußten sie fort und baten mich, den Laden ein Stündchen zu betreuen. Ich bekam dann eine Liste mit Preisen und Anweisungen wie: Antonius ausverkauft, aber nachbestellt; Franziskus noch reichlich vorrätig, Aloysius 10% teurer, heilige Herzen oben in der grünen Schachtel usw. Vielleicht kommt es daher, daß ich so was nicht schlimm finde, es ist eine Art normaler Pilze am Baum des Glaubens. Aber diese Figur hier ist aus der Art geschlagen, die kenne ich nicht. Eine Madonna mit konkav gegossenem Gesicht. Clever gemacht; denn so entsteht eine optische Täuschung, so daß jeder meint, der Blick der Muttergottes folge ihm, wie er sich auch drehen mag. Und so heißt es auch: *L'occhio della Madonna non ti abandona mai,* zu deutsch: Das Auge der Madonna verläßt dich nie. Maßarbeit. Das Ganze kostet 7000 Lire, und ich lege sie blitzschnell wieder zurück. Was ich aber vermisse, sind meine Päpstchen. Wo sind meine Päpstchen geblieben? Gibt es denn überhaupt keine Tradition mehr? Das ist sehr bedauerlich. Mein Vater kam eines Tages mit einem Päpstchen aus Rom nach Hause, das ganz aus Bronze gegossen war. Es hatte einen Schlüssel im Rücken, und wenn man es damit aufzog, gab es eine Viertelstunde lang den Segen. Erst ganz fieberhaft, als finge es hastig Fliegen, dann immer langsamer, bis es schließlich stillstand. Aber das Schöne war dies: Wenn es endlich aufgehört hatte, schlug mein Vater kurz auf den Tisch, und dann kam *doch* noch ein schlapper Segen zustande. Es gibt sie nicht mehr. Ich hatte mich so darauf gefreut. Obwohl hier ein Gipspapst steht, aus dem Musik ertönt, stelle ich ihn wieder hin, denn er ist nicht mein Papst. Das Leben ist voller Enttäuschungen.

Eine Audienz

Durch den Zölibat sind kirchliche Ämter in Rom nicht erblich. Doch kann man insofern von einer gewissen Erbfolge sprechen, als bestimmte Funktionen durch Tradition bei bestimmten Orden bleiben. So wird seit Jahrhunderten der „Sacrista" von St. Peter aus dem Orden der Augustiner berufen. Sacrista bedeutet Küster, und das ist seit mehr als dreißig Jahren Bischof van Lierde. Dabei darf man sich nicht vorstellen, daß der Bischof nun selbst die Glocken läutet und die Statuen abstaubt. Dafür hat er sein Personal. Um dieses Mißverständnis zu vermeiden, wurde unlängst der Titel in Almosenier des Papstes und Generalvikar der Vatikanstadt umbenannt, was in der Tat befriedigender klingt. Der Vikar ist mit der Seelsorge des Fürstentums betraut, das dreihundert Seelen zählt. Dabei assistiert ihm ein Stab von Mitarbeitern. Er residiert im päpstlichen Palast und bewohnt dort zwei Zimmer, die miteinander verbunden sind. Ins Schlafgemach einen Blick zu werfen, war mir nicht vergönnt. Aber das Arbeitszimmer, in dem unser Gespräch stattfand, habe ich mir genau angeschaut. Es ist mit rotem Damast ausgeschlagen und enthält eine Anzahl Bilder, die ausnahmslos einen Papst in Gesellschaft von Msgr. van Lierde zeigen, der ihm abwechselnd etwas überreicht oder etwas von ihm entgegennimmt. Die Stühle sind alles andere als bequem, jedoch vergoldet. Das Gemach ist klein. Msgr. van Lierde legte Wert darauf, die Fragen vorher vorgelegt zu bekommen. Wörtlich:

„Lassen Sie sich nicht stören. Tun Sie ganz so, als wären Sie daheim. Kann ich Ihnen behilflich sein? Wollen Sie in dieser Ecke sitzen? Sagen Sie's nur, ich stehe ganz zu Ihrer Verfügung, oder lieber dort? Sagen Sie's ruhig, ich mache alles, was Sie wollen. Kann ich hier sitzenbleiben? Nett, daß Sie gekommen sind. Sie sind hier der Chef, ich habe von so etwas keine Ahnung. Schön, schön, ich finde alles gut, lassen Sie sich nicht stören."

„Msgr. van Lierde, in Ihrer Funktion unterhalten Sie natürlich persönliche Beziehungen zum Papst. Sehen Sie ihn viel?"

„Ach, was ist viel? Im Zusammenhang mit meinem zweifachen Amt als Almosenier des Papstes und Generalvikar kommt das natürlich vor, gewiß, was dachten Sie denn? Sehen Sie, in den ersten Jahren hatte ich jeden Monat eine schöne Audienz. Doch das ist leider durch den großen Betrieb, der nach dem Zweiten Weltkrieg aufkam, etwas weniger geworden. Aber es kommt doch hin und wieder einmal vor, daß mich der Papst so im Vorbeigehen einen Augenblick festhält, ja sicher. Ein Beispiel? Soll ich einmal ein typisches Beispiel erzählen? Vergangenen April am Palmsonntag gingen wir nach unten. Auf einmal hielt er mich an und sagte: Monsignore van Lierde, ich erzähle es jetzt auf Niederländisch, Monseigneur van Lierde, darf ich Ihnen mal eben ganz kurz sagen, daß ich außerordentlich zufrieden bin über die Art und Weise, mit der Sie hier im Hause arbeiten. Usw. usw. Sie müssen mal sehen, ob Sie das verwerten können, Sie können es stehen lassen oder streichen, es geht schließlich nicht um mich, und das spielt ja auch keine Rolle. Aber jetzt kommt's. Er holt eine Medaille des heiligen Michael hervor, ehrlich, das hier ist sie, ich erzähle haargenau, was passiert ist, diese Medaille, die ich hier in meiner Hand habe. Und der Papst sagt: Monseigneur van Lierde, darf ich Sie etwas fragen? Ich sage: natürlich, Heiliger Vater. Er sagt: Monseigneur van Lierde, ich bin *tief* davon überzeugt, daß im Augenblick *außer*natürliche Kräfte am Werk sind, die Kirche zu unterminieren. Ich spreche das als meine Meinung aus. Und nun frage ich *Sie,* wollen Sie mit *mir* zusammen zum Erzengel Michael für die Kirche beten? Da ist man doch einen Moment perplex, nicht wahr? Aber ich hatte meine Antwort sofort fix und fertig. Man weiß manchmal nicht, wo man's herholt. Natürlich, sage ich, natürlich, darauf können Sie sich verlassen. Aber Heiliger Vater, haben Sie Mut und Vertrauen, denn außer außernatürlichen Kräften, auf die Sie anspielen, gibt es auch *über*-natürliche, und die sind auch sehr rührig. Die werden Ihnen und der Kirche und jedem, der das Beste will, genauso helfen. Das sagte ich, genauso. Und ich habe den Eindruck bekommen, daß ihm diese Antwort gefallen hat, daß sie ihm guttat. Das ist mein Eindruck. Ehrlich. Ich sage genau das, was ich denke, Sie werden schon sehen, ob Sie es verwenden.

Darf ich fortfahren? Gerade gestern hatten wir hier einen neuen Botschafter – ich erzähle das lediglich als Beispiel –, den neuen Botschafter von Venezuela. Ja, es passiert hier mehr, als Sie denken, die Menschen wissen das nicht so. Und auf einmal höre ich: ‚Monseigneur van Lierde!' Ich drehe mich um, und jawohl, der Papst braucht mich. Ich ging zu ihm, das ganze Gefolge muß warten. Und dann hat er mindestens zwei, vielleicht wohl drei Minuten mit mir über einen bestimmten Brief gesprochen, ich kann darüber selbstverständlich nicht reden. Ich sagte ihm ehrlich, was ich darüber denke und wie er beantwortet werden sollte, einfach so von Mann zu Mann. Das ist meine Pflicht, man ist dann im Amt. Er dachte einen Moment darüber nach und sagte: ‚So werde ich es machen, das ist die Lösung.' Buchstäblich. Und dann sah er mich an und sagte: ‚Ich danke Ihnen aufrichtig dafür, es hat mir sehr gefallen.' Ehrlich, so war es. Das sind nur ein paar Beispiele, vielleicht können Sie sie gebrauchen; damit bemühe ich mich nicht weiter."

„Monseigneur van Lierde, Sie sitzen hier in dieser damastenen Höhle ..."

„Sehr nett, aber das drucken Sie besser nicht, ja? Weiter?"

„... gut, in diesem Zimmer bestens versteckt im vatikanischen Palast. Ich konnte Sie nur mit größter Mühe finden. Und nun frage ich mich: Haben Sie wohl mit der Welt Kontakt, übersehen Sie die Lage?"

„Hübsche Frage, da muß ich einen Moment drüber nachdenken. Sehen Sie, ich sage ehrlich und in aller Einfachheit, daß ich über alles Bescheid weiß. Nach bestem Wissen natürlich, denn es passiert eine Menge in der Welt. Und wie macht man das? Viel lesen und immer *mehr* lesen und dann: ausschauen, die Ohren spitzen und ab und zu ein Wörtchen fallenlassen, einfach, ohne Rechthaberei, in aller Bescheidenheit. Sie dürfen nicht vergessen, daß ich auch noch Vorsitzender der Vereinigung für Askese in Padua bin, das gibt noch eine Menge Schreiberei. Und dann, was ich schon sagte, lesen und immer wieder lesen. Ich will nur ein Beispiel herausgreifen: die Konzilstexte. Die lese ich immer wieder. Meiner bescheidenen Meinung nach kennt man sie zu wenig, und sie geben Antwort auf die Forderungen von heute. Wenn die Menschen mehr darin lesen würden, einfach so tagsüber mal, dann würde es anders aussehen, das ist meine ehrliche und bescheidene Meinung. Ich sage es rund heraus. Nun noch etwas ganz Spezielles für die Leser in Holland. Etwas, was mir sehr am Herzen liegt. Ich finde die Los-Von-Rom-Bewegung, die ich da in aller Demut glaube bemerkt zu haben, sehr, sehr bedauerlich. Sehr. Ich sage es genauso, wie es ist. Das zieht in die falsche Richtung.

Das sollten sie nicht tun. Und warum nicht? Passen Sie auf. Weil es nicht der biblischen Offenbarung entspricht, dem, was in der Heiligen Schrift geschrieben steht. Mit *einem* Wort, es ist nicht dem Geist, dem Herzen Christi gemäß. Darum. Ich sage das ganz ehrlich, so wie ich es meine, und damit basta."

Die Piazza Navona

Kehre nie an eine Stelle oder einen Platz zurück, an dem du einmal glücklich warst. Ich meine nicht Glück als etwas, das bereits in dir war, das ist Stimmung, unwiederholbar, sondern als ein Gefühl, das dich gerade wegen dieses Platzes überkam. Das wird immer zu einer Enttäuschung führen. Dafür gibt es zwei Gründe. Der erste ist klar: Man hat ihn in der Erinnerung mit etwas ausgeschmückt, was sich als nicht vorhanden herausstellt, und anstatt sich selbst die Schuld zu geben und zurückzustecken, gibt man dem Ort die Schuld. Der zweite ist noch klarer: Es *ist* dort wirklich häßlicher geworden. Asphalt, Neonlicht, abgeholzte Bäume, wo einst ein Haus stand, eine leere Höhle, und dort an der Ecke, wo früher ein Gesicht aus einem Fenster schaute, eine Garage und vor allem: Verkehr. Sind Sie jemals an einen Platz zurückgekommen, der inzwischen schöner geworden ist? Das passiert einem nicht, denn entweder sieht man bei Tage fahrendes oder des Nachts parkendes Blech. Aber jetzt soll ich eine Ausnahme dieser Regel erleben. Ich schlendere ein enges Gäßchen entlang, vorbei an einer kleinen Statue – dem berühmten Pasquino –, biege noch um eine Ecke und habe die Piazza Navona vor mir. Es stimmt, was ich über den Petersplatz sagte. Man muß aus einem engen Gewirr von Gassen kommen, soll Weite überraschen. Und dieser Platz ist nun mal schöner geworden als damals, als ich hier wohnte. Autos dürfen ihn nicht mehr befahren. Scooters sind auch verboten. Hier bekommt man wieder Luft. Ich setze mich auf die Terrasse vor „Tre Scalini", auf die Schattenseite. Unter diesem Platz lag in römischer Zeit ein „Zirkus", wo demnach Pferderennen stattfanden. Daher diese schmale, langgestreckte Form. In die Längsachse hat Bernini drei Brunnen gesetzt. In meinem Buch *Römische Impressionen* steht, daß ich in einem der drei geschwommen bin, und das kam so. Ich saß mit ein paar Freunden auf dem Rand des mittleren, und jemand sagte damals, der freie Wille des Menschen sei eine Fiktion. Alles sei vorherbestimmt, man könne also nichts Überraschendes tun, alles sei durch Herkunft, Milieu und Erziehung bereits vorgezeichnet. Ich ging darauf hinter den Brunnen und schwamm eine Minute später langsam und gemessen, mit Hut und Brille und auch noch ein Pfeifchen rauchend vorbei. Es bewies natürlich nichts, denn auch das konnte seit eh und je für mich vorausberechnet sein. Gegen Determinismus gibt es keine logische Verteidigung. Das einzige, was man tun kann, ist denken: *Ich* bin frei. Aber das führt von der Absicht weg, mit der ich diese Terrasse aufsuchte. Was die Aussicht betrifft, sitzt man hier ausgezeichnet, im übrigen aber ziemlich beengt. Der Gehsteig ist nicht breit, und man hockt hier dicht bei dicht. Das ist in Rom überall so. Jeder Quadratmeter Boden ist Gold wert. Wohin man auch in den großen katholischen Ländern kommt, sei es Italien, Frankreich oder Spanien, überall drücken sich die Menschen eng zusammen, in Rom, Paris und Madrid scheint nicht der geringste Platz vorhanden zu sein. In New York *ist* tatsächlich kein Platz, und hier *scheint* keiner zu sein, das ist der Unterschied. Wenn ich aufstehe und die marmornen Stufen der Kirche Sant' Agnese, direkt dem Obelisken gegenüber, emporsteige, stehe ich vor einer Tür mit Lederkissen. In Roms Innenstadt gibt es *fünfhundert* solcher Türen, dies ist nur eine davon. Stößt man sie auf, erschrickt man über das, was man sieht. Einige tausend Quadratmeter Marmor, kaum zu überblicken. Und wer ist drin? Niemand außer einer alten Frau, die an einem der Pfeiler kniet. Das ist alles. In einer Stadt, in der man vergeblich nach einem Parkplatz für sein Auto sucht und die Menschen überall wie die Ölsardinen eingepfercht sitzen, gibt es fünfhundert solcher Marmorsäle, einer größer oder auch kleiner als der andere, aber durchschnittlich mit Pfarrei und allem Drum und Dran, so groß wie ein Fußballstadion. Dabei spreche ich noch nicht einmal über die leeren Klöster, Internate, Studienheime, Noviziate, lauter riesige tote Muscheln, aus denen das Leben ausgeströmt ist. Denn natürlich hat es dort einmal Leben gegeben. Diese fünfhundert Kirchen sind nicht für nichts und wieder nichts gebaut, hier hat sich alles und noch

mehr abgespielt. Gerammelt voll muß es in ihnen gewesen sein. Gleich hier um die Ecke liegt die Kirche Santa Maria dell'Anima, in der der einzige niederländische Papst begraben liegt. Das ist doch schließlich etwas, aber wieder keine Menschenseele zu sehen. Um ein Stückchen weiter steht noch eine, und noch eine, und das geht so weiter durch ganz Rom. Mühsam zwängt man sich durch die Menschenmassen und stößt dann überall auf diese riesigen leeren Räume. Ich weiß keine bessere Art, die Krise zu beschreiben, in der sich die katholische Kirche befindet. Il Gesù, San Ignazio, San Agostino, Santa Maria sopra Minerva, die beim Pantheon steht, überall sieht man in diese leergeblasenen Eierschalen, Santa Maria Maggiore, San Clemente, Aracoeli auf dem Kapitol, Santa Maria degli Angeli, Sant'Ivo, ein Kirchenraum nach dem anderen und alle nur einen Steinwurf voneinander entfernt. Prachtvoll anzusehen, aber beängstigend, wenn man weiterdenkt.
Ich brachte vorhin den Vergleich mit einem Fußballstadion. Dort sind die Menschen auch nur am Sonntag. Aber Fußballplätze liegen nicht mitten in der Stadt, sondern außerhalb. Außerdem sind es nicht fünfhundert. Und dann *sind* dort tatsächlich auch Menschen, aber hier sind es am Sonntag nicht viel mehr als an Wochentagen. In Holland werden Kirchen zu Dutzenden abgerissen. Aber das geht hier nicht. Es sind lauter Schatztruhen. Wohin mit all diesen Kunstschätzen? Alle Museen der ganzen Welt könnten ihren Inhalt nicht verkraften. Und dann gibt es noch den Fremdenverkehr, um den sich in dieser

Stadt im Grunde alles dreht. Nimmt man den Touristen diese Pralinenschachteln fort, bleiben sie weg. Und genau darin liegt das Tragische der Situation: Die Räume, die zu einem ganz anderen Zweck in der Stadt ausgespart worden sind, werden zu reinen „Sehenswürdigkeiten". Aber das bedeutet für mich nicht das Ende der Kirche. Es bedeutet das Ende einer bestimmten Art religiösen Lebens, das seine Zeit offenbar gehabt hat. Das Licht des Evangeliums fällt nicht durch eine neutrale Glasplatte, sondern durch ein Prisma, das es immer wieder umformt. Dieses Prisma ist die Zeit. Jahrhundertelang sind die Menschen mit Begeisterung zusammengekommen, sie hatten das Bedürfnis, Zeugnis abzulegen, zu lauschen und zu beten in Räumen, die zu diesem Zweck von der Welt abgeschieden waren. Wer das Nachlassen dieses Bedürfnisses mit dem Ende der Kirche verbindet, begreift nicht, daß das nur die äußere Form ist. Diese Form hatte eine prächtige Blütezeit, aber jetzt ist es Herbst geworden, und ein paar bittere Früchte sind hängengeblieben. Da ist die merkwürdige Trennung zwischen dem Hochgefühl am Sonntag und dem Verhalten an Wochentagen. Das ist Schizophrenie. Ich meine das in einem viel umfassenderen Sinn als hier. Die Kreuzzüge, die eine Blutspur durch Europa zogen, die Verbrennung von Millionen Ketzern, die furchtbaren Religionskriege, bei denen man sich gegenseitig in Jesu Namen die Schädel einschlug, diese ganze abscheuliche Intoleranz ging zusammen mit frommen Zusammenkünften, bei denen man einer Stimme lauschte, die das

alles verwarf. Es war wenig Liebe in der Welt, man fror und kroch wöchentlich einmal dicht zusammen. Die Welt ist wärmer geworden. Was früher Aufgabe des einzelnen und der Besten war, Barmherzigkeit zu üben, Mitgefühl zu haben, ist heute in unserer Sozialgesetzgebung verankert. Was einmal Gnade war, beginnt jetzt Recht zu werden. Die Klöster entvölkern sich, weil das, was dort an Armenfürsorge, Krankenpflege und Unterricht getan wurde, von Menschen außerhalb der Klostermauern übernommen wurde. Es kann sein, daß die Klöster leer werden, weil die Welt vollströmt.
Und was ist mit Vietnam, Biafra, Indien, Griechenland, mit Rassendiskriminierung usw.? Die Aufzählung ist bekannt. Aber das Neue daran ist, daß wir diese Dinge kennen. Früher kümmerte sich niemand darum. Unsere Eltern wußten davon nichts, und es gab damals unendlich mehr Leid, sogar dicht vor der eigenen Tür. Wir können nicht sagen, daß wir davon durch das Fernsehen Kenntnis haben. Dergleichen Erfindungen sind die Antwort auf ein Bedürfnis. Das Fernsehen ist nicht das Meisterstück einiger Gescheiter, deren Köpfe es ausgebrütet haben. Erst war ein Kommunikationsbedürfnis vorhanden und dann kam seine Befriedigung durch das Fernsehen. Neu ist nicht, daß Portugal seine Kolonien ausbeutet, denn das taten wir früher allesamt, neu ist die Entrüstung darüber. In diesem Engagement offenbart sich das Christentum in neuer Form. Das Evangelium ist aus den Kirchenmauern herausgetreten, es überflutet sie. Man will in einer Wüste der Barbarei und Gleichgül-

tigkeit nicht mehr aus einer Quelle trinken, sondern das ganze Gelände bewässern. Das Wasser mag da nicht so hoch stehen wie früher innerhalb der Mauern, es berieselt aber größere Gebiete. Das Seid-gut-Zueinander, das der Kern dieser Botschaft ist, beginnt in die *Rohre* vorzudringen. Doch das genügt noch längst nicht. Aber der Anfang ist gemacht. Bei der Jugend am stärksten. Wenn man die leeren Kirchen so betrachtet, gibt es sogar Grund zum Optimismus.

Ein Besuch

„Msgr. Valenberg, Sie sind 80 Jahre alt und ruhen nun nach einem langen und ermüdenden Priesterleben in Rom aus."

„Ach, das bedauere ich nicht. Ich habe es gern getan und denke noch jeden Tag mit Freude daran zurück."

„Darf ich Ihnen diese Zigarre anbieten, die ich von Msgr. van Lierde bekommen habe?"

„Das ist eine gute Marke, die hebe ich für eine spezielle Gelegenheit auf."

„Sie sind von 1934 bis 1960 Bischof von ganz Borneo gewesen. Und Sie stammen aus Brabant?"

„Dort geboren und aufgewachsen."

„Als ich vor zwanzig Jahren zum erstenmal nach Rom kam, blickte ich voller Ehrfurcht zu einem Bischof auf."

„Das sollten Sie nicht tun. Es sind ganz gewöhnliche

Menschen. Und es gibt hier eine ganze Menge."
„Ja, aber in Holland gab es nur fünf. Auch spielt bei uns das Bild des heiligen Nikolaus noch immer eine Rolle, er war die erste kirchliche Autorität, der man begegnete, und so was wirkt noch lange nach. Im Vatikan merkt man dann, daß ein Bischof ungefähr der Geringste ist, dem man begegnen kann."
„Na, na, jetzt schlägt das Pendel wieder zu weit nach der anderen Seite aus."
„Aber Sie sind Missionsbischof gewesen, das ist etwas ganz anderes. Sie hatten ganz Borneo als Diözese. Ich habe beim Nachschlagen gelesen, daß sie ein Gebiet umfaßt, das siebzehnmal so groß ist wie Holland."
„Über Mangel an Weiträumigkeit konnte ich mich nicht beklagen. Das merkte ich auch erst, als ich dort war. Ich habe mein Bistum niemals ganz mit eigenen Augen gesehen. Es war nicht zu schaffen. Ich tat wohl mein Bestes, aber man fuhr bisweilen wochenlang mit einem Kanu, um einen einzigen Stamm zu erreichen. Die Reisen dauerten immer Monate."
„War das schwer?"
„Ach nein, man hatte etwas zu überbringen, und zwar etwas Dringendes."
„Ist es wahr, daß es dort noch Kopfjäger gibt?"
„Damals mehr als jetzt. Am Anfang bestand der größte Teil der mir unmittelbar unterstellten Herde aus Kopfjägern. Ich habe oft die Nacht zwischen sieben oder acht Totenköpfen zugebracht, sie hingen auch als Trophäen ringsum an den Wänden. Man gewöhnt sich daran. Nicht daß ich ein Held bin, aber

ich wußte, daß für mich nicht die geringste Gefahr bestand."

„Erkannten Sie auch einmal Ihre eigenen Pfarrkinder darunter? Oder einen Ihrer Kapläne?"

„Nein, das waren Menschen eines Stammes, mit denen sie Schwierigkeiten hatten, und das war ihre Art zu strafen."

„Trotzdem erscheint es mir unangenehm, in einem solchen Bett ..."

„Ich habe auf all meinen Besuchsreisen niemals ein Bett gesehen. Es gab keine. Ich schlief auf der Erde."

„Gewöhnt man sich auch daran?"

„Ja, gewiß."

„Konnten Sie sich waschen?"

„Zuweilen."

„Und das Essen?"

„Man aß, was man bekam."

„Wie war das?"

„Darüber habe ich niemals nachgedacht. Hunger ist der beste Koch."

„Und wie waren die Menschen?"

„Ich habe in meinem langen Leben folgendes gelernt: Jeder Mensch gibt Liebe zurück, wenn er Liebe empfängt."

„Bei Ihnen fühle ich mich besonders wohl, was ich nicht von allen Bischöfen in Rom sagen kann, und das gibt mir den Mut, Ihnen eine etwas heikle Frage zu stellen."

„Tun Sie das ruhig."

„Für einen primitiven Menschen ist Christus eigentlich eine gescheiterte Figur. Er wurde als Verbrecher verurteilt und ans Kreuz geschlagen. Es scheint mir, daß eine gewisse Bildung vonnöten ist, um diese Doppelbödigkeit zu durchschauen. Kam denn diese ganze Konzeption von Schuld, Buße, Leiden und Versöhnung bei diesen Menschen an?"

„Das ist keine heikle Frage. Die Frage ist gut und gesund. Ich habe darüber auch selbst viel nachgedacht. Aber damit allein schafft man es nicht. Man muß Gott um Erleuchtung bitten. Und ich glaube, daß *Er* mich erhört hat. Niemals habe ich sie mit theologischen Beweisführungen ermüdet, wie sie in Europa durchaus verstanden werden. Allein schon ihre Sprache, die für solche Abstraktionen keine Ausdrücke hat, hätte das verhindert. Aber was ich tat, war dies: Ich versuchte, ihnen die ungeheure Bedeutung der *Nächstenliebe* zu zeigen. Immer und immer wieder. Und das wiederum nicht theologisch, sondern ganz praktisch im täglichen Leben. Die Verpflichtung der Eltern ihren Kindern gegenüber und umgekehrt, die Zuneigung zwischen Mann und Frau und zwischen den Menschen untereinander. Und für dieses große Prinzip schienen sie empfänglich zu sein, ihm gegenüber waren sie ganz aufgeschlossen, wenn sie auch noch nie etwas darüber gehört hatten. Dieses Gesetz hat sie tief ergriffen."

„Es geht also um Nächstenliebe?"

(mit großer Bewegung): „Das ist das Höchste von allem, das Beste von allem."

„Verlangen Sie manchmal nach ihnen zurück?"

„Ich bete stündlich für sie und habe Verlangen nach dem Himmel."

„Was ist der Himmel?“
„Die Erfüllung all dessen, wozu wir auf Erden sind.“
„Sie haben das Christentum in seinen Urformen gekannt, wie es in den Katakomben gewesen sein muß. Kommt Ihnen die Kirche, wie sie sich in Rom herausgebildet hat, dann nicht ein bißchen eigenartig vor?“
„Kardinal Alfrink hat einst gesagt: Rom ist ein komplizierter Begriff. Das ist weise gesagt. Man sieht viel Schönes. Man sieht auch viel, was man gern anders haben möchte.“
„Wollen Sie mir zum letzten Punkt etwas nennen?“
„Ja, zwei Dinge. Ich glaube, daß hier in Rom die Kirche noch nicht international genug ist. Und weiter glaube ich, daß zu wenig Gelegenheit für positive Kritik besteht.“
„Kann unsere Kultur zugrunde gehen?“
„Es ist vielleicht falsch, aber ich lese zu wenig darüber. Ich glaube, daß dort, wo Liebe ist, die Kultur weitergeht.“
„Der holländische Katholizismus hat den Ruf, stark progressiv zu sein. Ich kann mir vorstellen, daß Menschen im hohen Alter diese Entwicklung voller Besorgnis verfolgen. Teilen Sie diese Sorge?“
„Ich glaube, daß das Christentum progressiv sein muß, das gehört zu seinem Auftrag. Wir haben eine Botschaft, und die muß zeitgemäß überbracht werden. Das bedeutet, daß die Formen immer wechseln müssen. Man muß mit der Zeit gehen, und darum bezeichne ich mich selbst progressiv. Was Holland betrifft, kann ich eine gewisse Besorgnis nicht leug-

nen. Aber ich habe Vertrauen zur Führung der holländischen Bischöfe."

Abschied

Ich möchte nun Abschied nehmen von Rom, und zwar auf dem höchsten seiner sieben Hügel: dem Janiculus. Tief unter mir sehe ich den Petersdom und die vatikanischen Gärten. Und weiter in dieser ungeheuren Schale Hunderte von Kuppeln anderer Kirchen wie brodelndes Wasser in einem überkochenden Kessel.

Dieser Hügel ist dem altrömischen Gott Janus geweiht, einer rätselhaften Erscheinung mit zwei Gesichtern. So hat auch die Kirche ein doppeltes Gesicht. Das eine ist alt und von der Zeit gezeichnet, denn Janus war zum einen der Gott des Endes. Wir haben diese Runzeln lange genug betrachtet, und ich habe keinen einzigen Versuch gemacht, sie glattzustreichen. Aber das andere Gesicht ist jung, denn Janus war zum anderen der Gott des Beginns, und der erste Monat des Jahres ist noch immer nach ihm benannt. Wir wollen nicht voneinander Abschied nehmen, ohne auch diese Seite aufmerksam betrachtet zu haben. Einerseits ist die Kirche Menschenwerk und deshalb anfällig und schwach wie alles, was Menschen unternehmen. Andererseits aber ist sie einem Elan entsprungen, der immer wieder neu ansetzt. Wer auch nur flüchtig im Buch der Kirchengeschichte blättert, erfährt es immer wieder. Immer, wenn man denkt: Jetzt ist es vorbei, Weiterlesen hat keinen Sinn, dann erscheint plötzlich wieder ein Heiliger, und man schlägt atemlos die nächste Seite auf. Ich glaube, daß wir soeben einem solchen Heiligen begegnet sind. Gott gebe, daß er dies nicht liest. Man sitzt einem Mann gegenüber, der tief nach vorn gebeugt ist und einen mit hellen Augen ununterbrochen ansieht, und hört seiner schwachen Stimme zu. Vielleicht verbirgt seine Soutane die Narben von Wunden, die er in dreißig harten Jahren auf Borneo davongetragen hat. Er spricht nicht darüber. Etwas anderes erfüllt ihn. Und auf einmal erkennt man: Dies ist die Kirche. Nicht der Papst, nicht die Kardinäle. Dies.

Wie viele solcher Menschen gibt es? Das weiß natürlich niemand. Aber ich will doch eine Vermutung wagen, wie merkwürdig sie sich auch anhören mag: Ich schätze ihre Anzahl hoch. Daß diese Antwort völlig unerwartet klingt, entspringt einer falsch verstandenen Mystik. Wir betrachten sie als etwas Auffallendes und vor allem Heroisches, indessen ihr Wesen gerade unsichtbar ist. Es kann sein, daß der Mönch, der Msgr. Valenberg jeden Tag Essen bringt, ein viel größerer Heiliger ist als er. Der Mann verrichtet etwas sehr Alltägliches. Das Ungewöhnliche liegt in der Intention, mit der er es ausführt. Und die sehen wir nicht. An diesem Maßstab gemessen, kann in jedem Kloster ein Heiliger wohnen. Es kann aber auch sein, daß er bei Ihnen auf der anderen Straßenseite Eis verkauft. Sie sind die Lungen der Kirche. Durch sie atmet dieser riesige Körper noch immer.

Zum Schluß gehe ich zu einem Marmorbrunnen. Ich habe die ganze Zeit über Wasser gesprochen. Und damit möchte ich auch schließen. Es steigt kein Wasser empor. Vielleicht fehlt der nötige Druck, oder irgendwo wurde das Rohr in eine andere Richtung gebogen. In beiden Fällen läßt sich nichts ändern. Aber es kann auch sein, daß nur die Öffnung verstopft ist. Dann kommt ein Mann, der den Sand herausschöpft und die Blätter beiseite schiebt. Nun ist sie wieder frei. Und siehe da, sofort springt der Strahl triumphierend empor. Er ist der Heilige, über den ich soeben gesprochen habe. Der Mann, der das Wasser wieder strömen läßt. Ich kenne ihn nicht. Ich weiß nicht einmal seinen Namen. Das werden Sie auch nicht wissen, wenn er demnächst in unserer Mitte erscheint. Es wird ein Unbekannter sein, der das Wasser, vor zweitausend Jahren aus dem Boden Israels geschlagen, wieder zum Strömen bringt.

JERUSALEM

Eines Nachmittags im August 1969 landete ich auf dem Flugplatz von Tel Aviv und traf in der Abenddämmerung in Jerusalem ein. Vor mir lag die Aufgabe, die Fußspuren von jemand zu finden, der hier vor zweitausend Jahren gegangen war. Von wem die Idee stammte, für einen Besuch in Israel den Monat August zu wählen, weiß ich nicht. Der Mann war entweder nicht bei Trost, oder es fehlte ihm jegliches Mitgefühl für seinen Mitmenschen. Einen Vorteil hatte die Sache dennoch, es waren kaum Touristen dort. Ich fand die heiligen Stätten in tiefer Ruhe und bisweilen sogar völlig verlassen. Möglicherweise hat auch die Kriegsgefahr, die damals gerade wieder bestand, dazu beigetragen. Ich persönlich habe von Gefahr nichts gemerkt und erfuhr erst aus holländischen Zeitungen, daß mir die Kugeln um die Ohren geflogen seien; ich selbst las beim Frühstück, daß mein Hotel in die Luft geflogen sei. Nirgends auf der Welt ist es so still wie an bedrohten Orten. Aber heiß war es trotzdem.

Wie stehen die Juden eigentlich den heiligen Stätten

gegenüber? Ich möchte zunächst feststellen, daß sie hier eine Toleranz zeigen, die nicht nur auf touristischen Erwägungen beruht – wenn dieser Faktor natürlich auch mitspielt –, sondern auch auf der eigentümlichen Fähigkeit, sich in die Lage des anderen zu versetzen, die die semitische Rasse in auffallendem Maße besitzt. Ihre Auffassung hinsichtlich der Bedeutung des Messias ist bekannt. Trotzdem betreuen sie die Stätten, an denen er als falscher Prätendent weilte, mit einer Hingabe, die die Fürsorge der früheren Bewacher bei weitem übertrifft. Dem christlichen Glauben gegenüber ist jedoch einige Reserve zu spüren. Wenn ich da ein krasses Beispiel anführe, dann geschieht es aus der Überzeugung heraus, daß wir einen Mißgriff der Juden mit derselben Unbefangenheit anzeigen dürfen, mit der wir die Fehler von Schotten, Iren und Spaniern nennen. Das wird nicht immer eingesehen. Ich erlaubte mir unlängst in einer Wochenschrift eine kritische Bemerkung über die heutige Landessprache Israels und bekam prompt dutzendweise Briefe von empörten Lesern, die mich fragten, ob dieses Volk nicht schon genug gelitten hätte. Ich fürchte, daß wir mit dieser Art Vorsicht die Juden in eine neue Isolierung drängen, nämlich in das Getto des Wohlwollens. Das Beispiel, auf das ich ziele, ist die Zeittabelle im Buch „Facts about Israel". In chronologischer Reihenfolge wird dort eine summarische Übersicht der jüdischen Geschichte gegeben, bei Abraham beginnend und in der Gegenwart endend. Die Achse einer solchen Aufzählung von Jahreszahlen ist natürlich die Geburt Christi. Davor vermindern sich die Zahlen von einigen tausend Jahren bis auf null, und an diesem Punkt beginnen sie wieder von 1 bis 1970 zu steigen. Das Eigenartige ist nun dies, daß die Achse, um die sich alles dreht, verschwiegen wird. Christus bleibt unerwähnt, das halte ich für falsch. Wie man auch über die Bedeutung Jesu denken mag, er ist eine historische Gestalt, und zwar so sehr, daß seine Geburt bei der ganzen Aufzählung stillschweigend als chronologischer Ausgangspunkt angenommen wird. Es ist, als sähe man ein Rad sich drehen, aus dem die Achse entfernt ist. Weniger kraß, aber doch auch aufschlußreich fand ich es, daß in manchen Schulbüchern das Pluszeichen durch ein Zeichen ersetzt war, bei dem der Balken nach unten nicht durchgezogen war, so daß eine Linie mit einer senkrechten darüber entstand, und jede Ähnlichkeit mit einem Kreuz vermieden wurde.

Nach allem, was in diesem Zeichen den Juden angetan worden ist, sind wir die Letzten, die sich über solche Neurosen wundern. Ich möchte nur für etwas mehr Offenheit gegenüber der einzigen christlichen Arbeitsgemeinschaft plädieren, die in Israel besteht, dem Kibbuz Nes Amin. Im Jahr zuvor habe ich dort einige Tage gewohnt und mich bei dieser Gelegenheit überzeugt, daß bei keinem der niederländischen Protestanten auch nur die geringste Neigung besteht, die Juden zu „bekehren“. Ihr einziges Ziel ist es, dort zu sein, beim Aufbau zu helfen und aus dem Bewußtsein der ungeheuren Schuld der Christenheit heraus demütig eine Hand zu reichen. Jede Form von Proselytismus ist ihnen fremd und übrigens laut Gründungsstatut verboten. Es tat mir leid, auf meiner Rundreise das Mißtrauen bestätigt zu sehen, das ich schon damals unter den Israelis vermutet hatte. Fast niemand glaubte an die völlige Selbstlosigkeit dieser Absichten, und während zweier Lesungen, die ich vor ihnen hielt, weckte schon der Name Nes Amin leichte Unruhe im Saal, die deutlich auf eine Verstimmung schließen ließ. Ich halte diese für unbegründet.

Wo ist Christus wirklich gewesen?

Wenn man etwas füllen will, muß ein Leerraum vorhanden sein. Das gilt auch für das Wallfahren. Der Jerusalem-Pilger des Mittelalters, der nach einem Jahr fürchterlichster Entbehrungen endlich das Heilige Land erblickte, muß von einem Gefühl der Erfüllung überwältigt worden sein, von dem wir uns heute keine Vorstellung mehr machen können. Er warf sich auf die Erde nieder und küßte sie. Manche verloren das Bewußtsein, und es gab sogar solche, die an diesem Erlebnis starben. Wir dagegen machen keine Pilgerreise mehr, wir wechseln bloß den Standort. Das Buch, mit dem ich in Amsterdam an Bord des Flugzeuges stieg, hatte ich noch nicht ausgelesen, als ich in Tel Aviv landete, und die Pfeife, die ich mir dann anzündete, war gerade aufgeraucht, als ich Jerusalem erreichte.

Da stehe ich nun auf dem Dachgarten des Hotels

„King David", und die Stadt, die ich nie erblickte, die aber seit meiner frühesten Jugend in meiner Phantasie hoch aufragte, liegt plötzlich zu meinen Füßen. Ich habe nichts dafür getan oder geopfert, und deshalb schenkt die Stadt auch nichts zurück. Man empfängt nur, was man selbst gegeben hat. Ich fühle mich mutlos.
Aber erst möchte ich doch sagen, warum ich hierhergekommen bin. Nicht um Ihnen etwas von den bekannten Stätten zu erzählen. Ich möchte etwas anderes, und dieses Verlangen hat mich begleitet, solange ich lebe. Ich erinnere mich, daß ich schon als Kind die Geschichte der beiden „Emmausjünger" gelesen habe, die nicht erkannten, daß es Christus war, der zwischen ihnen ging. Sie betreten am Ende eine Herberge und bestellen etwas zu Essen. Und dann kommen diese Worte: „Und plötzlich erkannten sie ihn am Brotbrechen." Warum durchzuckte mich dieser Satz wie ein Blitz?, weil hier, endlich und zum erstenmal etwas *Privates* über Jesus gesagt wird. Er hatte offenbar eine *besondere* Art, das Brot zu brechen, die kein anderer hatte.
So erinnere ich mich auch an die Stelle im Johannes-Evangelium, an der erwähnt wird, daß er ein Gewand „ohne Naht" trug, also aus *einem* Stück gewebt. Der tiefe Eindruck, den diese kargen Besonderheiten aus dem Privatleben Christi auf mich machten – es sind nicht mehr als zwei –, muß natürlich einen Grund gehabt haben. Und dieser Grund ist es, warum ich jetzt hier bin: Ich will einer Gestalt näherkommen, die sich immer weiter von uns entfernt

und zu einer Legende zu werden droht. Ich möchte sozusagen den Saum seines Gewandes berühren. Was hat er *genau* gesagt? Wie lautete der *aramäische* Text, und an welchem *Ort* ist er gesprochen? Wo *stand* er damals? *Liegen* diese drei oder vier Steine noch da? Ist irgendwo eine Treppenstufe erhalten geblieben, die seine Fußsohle tatsächlich berührt hat? Ich möchte nur diese wenigen Stellen, falls es sie noch gibt, aufsuchen und dort kurz verweilen; nicht aus archäologischer Neugier, sondern aus einem Verlangen nach Authentizität. Es ist mir alles zu lange her, zu verschieden ausgelegt, zu sehr verschüttet unter den Kommentaren vieler Jahrhunderte, kurzum: zu tief untergegraben. Ganze Gedankengebäude wurden über diesem Mann errichtet, seine Worte wurden von Liturgien überwuchert und vom undurchdringlichen Dickicht immer neuer Auslegungen. Aber irgendwo tief unten muß diese Stimme doch noch zu hören sein, er ist doch hier *gewesen,* in diesem Land und in dieser Stadt.
Und je älter ich wurde, desto mehr merkte ich zu meiner Überraschung, daß dieses Heimweh nach dem Urbeginn die ganze Christenheit befallen hat. Ein nicht mehr aufzuhaltender Drang, Schutt und Trümmer wegzuräumen, hat sich unser bemächtigt: Wir wollen wieder sehen, wo und wie es angefangen hat. Mit diesem Verlangen bin ich hierhergekommen. Ich habe zu Hause keine anderen Vorbereitungen getroffen, als sorgfältig zu erforschen, ob diese Stellen tatsächlich existieren. Nicht *ungefähr* die Stellen, wo Jesus war oder wo er zwanzig Meter tie-

fer gegangen sein muß wegen den darüber lagernden Schuttmassen. Nein, ich wollte die Stelle *selbst*, und zwar mit unwiderlegbaren Beweisen. Ich fand fünf verwitterte Zeichen, wie Buchstaben in einen Baum geschnitten. Hier bin Ich gewesen.

Der Teich von Bethesda

Wir verdanken es der Nachlässigkeit jener alten Kulturen, daß so viel wiederentdeckt worden ist. Sie warfen ihren Abfall einfach aus dem Fenster. Brannte eine Stadt ab, erhob sich die neue auf den Trümmern der alten. Beinah jede Stadt in Israel ist auf einem „tel“ gebaut, arabisch für eine Schutthalde. Selbst bei einer modernen Stadt wie Tel Aviv erkennt man das schon aus der Ferne, wenn es einem der Name nicht sagt. Die Menschen hatten keine Fuhrunternehmen, das ihr Gerümpel wegkarrte. Dank der städtischen Müllabfuhr ist der Boden New Yorks um keinen Zentimeter angestiegen, seine Einwohner bewegen sich auf demselben Niveau wie vor dreihundert Jahren. Hier in Jerusalem geht jeder zwanzig Meter höher als die Zeitgenossen Christi, und um das Bad von Bethesda zu erreichen, muß man sogar dreißig Meter tiefer steigen. Es ist schwierig und auch nicht ohne Gefahr, denn die Mauern sind steil, und man hat, weil der Grund noch relativ jung ist, noch keine Zeit gehabt, Schutzvorkehrungen für Besucher zu treffen.
Bei meinem Abstieg befinde ich mich jetzt auf halber

Höhe, und wenn man von einer Nische aus nach unten blickt, sieht man *zwei* Teiche. Der kleinere ist schon ausgegraben, an dem größeren wird noch gearbeitet. Das macht nichts, es geht mir um ersteren. Denn er ist das Bad, von dem Johannes spricht. Er ist der einzige der vier, die drei anderen Evangelisten schweigen darüber. Es ist ein ergreifender Bericht. Hier, dicht beim Schaftor, lagen zu Jesu Zeiten jene zwei Teiche, und das Wasser des einen wurde zuweilen von der Hand eines Engels berührt. Niemand wußte wann. In Erwartung dieses Ereignisses lagen am Rande Hunderte von Blinden, Krüppeln, Gelähmten und Aussätzigen, denn wer als erster das Bad errreichte, wenn das Wasser aufwallte, der war genesen. Es lag auch ein verkrüppelter Mann dort, schon achtunddreißig Jahre lang, denn es gab niemand, der ihm half, wenn das Wasser in Bewegung geriet. Als Jesus das hörte, sah er ihn an und fragte: „Willst du gesund werden?“ Der Mann antwortete ihm: „Herr, jedesmal wenn ich zum Rand gekrochen bin, ist ein anderer mir zuvorgekommen.“ Und Jesus sagte zu ihm: „Stehe auf, nimm dein Bett und wandle.“ Und augenblicklich erhob sich der Mann, nahm sein Bett und wandelte. So etwa, mit diesen archaischen Worten habe ich es als Kind gehört. Vor allem dieses „Wandeln“ traf mich tief. Die Übersetzung kann wohl falsch sein, aber es liegt eine so feine Untertreibung darin, als sei es kaum der Rede wert, was hier geschah. Das Mitnehmen des Bettes betrachtete ich als einen nicht zu übersehenden Bestandteil des Wunders. Ein Mann, der nach einer

Lähmung von beinahe vierzig Jahren mit einemmal mit einer ganzen Bettstatt auf dem Rücken mühelos davon geht, der ist wirklich genesen. Erst später begriff ich, daß diese „Tour de force" sich lediglich auf das Aufrollen einer Schlafmatte beschränkte. Was mir immer an den Stellen auffiel, an denen Jesus ein Wunder wirkte, war, wie kurz und bündig das Ereignis beschrieben wurde, als ob Christus mit einem gewissen Unwillen dieser Fähigkeit nachgab. Ich glaube immer noch, daß dieser Eindruck richtig ist. Man hörte ihn beinah denken: „Selig diejenigen, die nicht gesehen und doch geglaubt haben." Diesen leichten Unmut findet man bei allen seinen Wundern, die wohl eine Art „Hilfsmittel" waren, weil die abstrakte Botschaft offenbar *wieder* nicht genügte. Und nun die Stelle selbst. Wo es genau geschehen ist, ob dort in der Ecke oder weiter vorn, kann uns kein Bibelwissenschaftler erzählen. Aber *eins* ist sicher: Jesus muß, um zu jenem Mann zu kommen, diese schmale, fast eingestürzte Treppe hinabgestiegen sein, es gibt keinen anderen Pfad, und auch damals gab es ihn nicht. Heute sind von jener Treppe noch drei Stufen übriggeblieben, vollkommen *unbeschädigt.* Drei Stufen einer Treppe. Sie bestehen aus Kies mit Zement. Marmor hat sie nicht bedeckt, denn die Kieselsteine sind von den Füßen, die darübergingen, flachgetreten. Auf jeder dieser drei Stufen hat der Fuß Christi einen Augenblick geruht. Diesem Augenblick habe ich wochenlang entgegengelebt, und nun ist er da. Sonderbar, wenn eine solche Erwartung sich endgültig erfüllt, aber dieses Mal habe

ich mir die Erfüllung mühevoll erkämpft, und deshalb bin ich auch ganz erfüllt.
Was fühlt man in solch einem Augenblick? Vielerlei. Man kann es fast nicht fassen. Man steht hier in einer Erdspalte, 30 Meter unter dem Boden und weiß: Hier ist Christus gegangen, wo ich stehe; und der Schatten seiner Gestalt wanderte dort an der rechten Seite über den feinen Staub. Das Gefühl ist mit dem eines Menschen zu vergleichen, der sein ganzes Leben an einer Flußmündung gewohnt hat, die von Abwässern trübe und schmutzig ist, und der plötzlich an der Quelle dieses Stromes steht und bis zum Grund, bis auf den weißen Sand sehen kann. Dies ist eine heilige Stätte. Von ihnen gibt es nur wenige im Heiligen Land. Trotzdem möchte ich nicht in die Überheblichkeit des Neu-Historikers verfallen, der zum Beispiel sagt: Die Via Dolorosa lag an einer ganz anderen Stelle, und diese 14 Stationen, an denen die Pilger jetzt entlangziehen, sind eine wie die andere ein Irrtum. Das liest man oft, aber man vergißt dabei die schöpferische Kraft der Tradition. Man kann den Glauben und das Beten vieler Jahrhunderte nicht einfach außer acht lassen. Alle Tränen, die dort geflossen sind, haben diesen Boden geweiht und ihn zu dem gemacht, was er ist: ein Weg, auf dem Christus in der *Vorstellung* der Menschen gewandelt ist. Auf welchen Wegen sollte Christus denn sonst gehen? Der „historische“ Jesus ist – wie befremdend es auch klingen mag – eine Fiktion. Real ist nur der Christus, den die Menschen in ihren Herzen tragen.
Warum dann aber meine Vorliebe für die fünf „ech-

ten" Stätten? Respekt vor den vermeintlichen Stellen schließt eine noch größere Ehrerbietung vor den echten nicht aus. Sie können nebeneinander bestehen. Ich habe als Leitfaden für meinen Bericht jedoch die historisch echten Stätten gewählt. Fünf haben wir gefunden. Sie bedeuten: *Hier* ist es geschehen. Ich sehe das als Antwort auf die Frage, die jetzt überall auftaucht: Wie hat es begonnen?
Aber wie ich hier beim Teich von Bethesda stehe, denke ich auf einmal an all die anderen Krüppel, denen nicht geholfen wurde. Eine solche Frage erhebt sich nie, wenn man das Evangelium *liest*. Erst wenn man an Ort und Stelle *steht*, fällt sie einem ein. Auf dem Papier wandelt Christus würdig weiter, aber in Wirklichkeit konnte er natürlich keinen Schritt vorwärts, es muß ein unvorstellbares Drängen und Schreien um ihn gewesen sein. Wir sehen das Wunder bei diesem einen Mann; die dabei waren, sahen nur, daß an ihnen selbst kein Wunder geschah. Es darf einem persönlich nichts fehlen, will man sich über die Genesung eines anderen freuen. Ich habe oft gedacht: Wie ist es doch möglich gewesen, daß ein Mensch, der so viel Gutes tat, auch so viel Feinde hatte? Denn niemand hat doch eine Hand erhoben, als er verurteilt wurde. Im Gegenteil, die Befriedigung war allgemein. Ich sage nicht, daß das die Antwort ist, aber es wird wohl mit dazu beigetragen haben. Christus war von Menschen umringt, an denen das Wunder *nicht* geschah. Es muß eine große Menge gewesen sein. Denn nur ab und zu wirkte er eins, ich vermute mit Widerstreben, gewissermaßen als Hilfs-

mittel, wenn das Wort wieder einmal versagt hatte. Die Nichtgeheilten blieben im Elend. Man kann sogar die Frage stellen, ob die wenigen, denen er half, nicht ein gewisses Schuldgefühl zurückbehielten. Nicht immer macht man sich Menschen zu Freunden, denen man geholfen hat. Sie sind einem etwas schuldig, und das erweckt schließlich ein Gefühl ohnmächtiger Rache. Es gibt eine Stelle im Evangelium, da kommt jemand, der genesen ist, *zurück,* um sich zu bedanken. Christus ist darüber erstaunt. Es kam offenbar sonst nicht vor.

Diese Äußerung stieß in Holland auf Widerstand, und ich bekam ziemlich viel Briefe. Man fand die Gedanken, als hätten die Wunder Christi ein „gewisses Rachegefühl" bei den Genesenen zuwege gebracht, entschieden übertrieben. Mangel an Dankbarkeit, ja. Aber warum „Haß oder Rache"? Meine Antwort lautet, daß gerade ein Wunder die Chance auf „Zurückzahlen" ausschließt, man *bleibt* in der Kreide. Ich hatte dabei, wenn auch vage, einen Text aus Tacitus im Kopf, den ich hinterher auch gefunden habe, im 4. Buch seiner Annalen, im Schlußsatz des 18. Kapitels. Ich führe ihn eigens an, um den Anschein zu vermeiden, als hätte ich solche Zitate immer parat. Hier ist er: „Beneficia eo usque laeta sunt, dum videntur essolvi posse, ubi multum antevenere, pro gratia odium redditur." Das bedeutet: „Wohltaten wecken nur Freude, solange sie die Möglichkeit zur Vergeltung offenlassen, ist diese Grenze jedoch weit überschritten, dann wird anstelle von Dank Haß zurückgegeben." Ich kenne übrigens ein chinesisches Sprichwort, das den ganzen Komplex noch bündiger ausdrückt, ganz ohne Vorbehalt: „Er ist mein Feind, und ich habe ihm doch nie einen Dienst erwiesen."

Ob ich an die Wunder Christi glaube?
Nein. Aber auf dieselbe Weise, mit der Christus nicht an sie glaubte. Ich sehe in ihm einen Gesandten, und zwar aufgrund seiner Worte, und nicht seiner Taten. Er ist das Wort. Die Wunder sind Randverzierung. Ich habe mich selbst nie mit dem Problem beschäftigt. Ich höre seine Stimme. Sie überschattet alles. Das ist das Wunder.
Und dann: Wunder haben einen doppelten Boden. Das Mirakel an sich bedeutet nichts. Ein starkes Stück, wenn man so will. Die Frage ist: Weist es irgendwo hin? Betrachten wir einmal das, was an dieser Stelle geschehen ist. Daß ein Mann hier vor zweitausend Jahren seine Krücken weggeworfen hat, ist völlig belanglos. Er konnte dann zwar laufen, was er vorher nicht konnte, aber wir haben keine einzige Garantie, anzunehmen, daß das unbedingt eine erhebende Sache gewesen ist. Er hat vielleicht in einem benachbarten Gasthof den Rest seines Lebens auf einem Stuhl verbracht und schwadroniert; zumindest ich hätte das getan, wenn ich so etwas zu erzählen gehabt hätte. Wunder sind Zeichen. Symbole, die man deuten muß. Ich danke Gott, daß ich kein Prediger bin, denn nach drei Monaten würde ich sagen: Leute, geht nach Hause, ich weiß nicht mehr, was ich

euch sagen soll. Aber für dieses Wunder hätte ich doch eine Nutzanwendung, und zwar die Entwicklungshilfe. All jenen Völkern, die nicht zum „Wasser" können, weil jedesmal andere Völker vorher da waren, zu sagen: Gebt eure Krücken her, ich lasse euch laufen.
Beim Evangelium hat man es mit zwei Übersetzungen zu tun. Die erste aus dem Griechischen in die eigene Sprache, die ist am leichtesten, und die zweite aus der eigenen Sprache in die Ausdrucksweise von heute. Die ganzen Parabeln und Gleichnisse von dürren Feigenbäumen, verlorengegangenen Drachmen, altem Wein in neuen Schläuchen und übertünchten Gräbern waren einmal sehr aktuell. Die Menschen wurden richtig böse darüber und liefen fort. Ich denke manchmal, daß wir diese Bildsprache so schön finden, weil sie uns zu nichts mehr verpflichtet. Wahrheiten auf Stelzen. Aber übersetzt man sie in die Probleme von heute, dann jagt man den Gläubigen einen tödlichen Schrecken ein. Legt man eine Parabel aus und übersetzt sie wirklich in die Sprache unserer Zeit, ist zu erwarten, daß ein paar Menschen die Kirche verlassen, genau wie damals.

Der Garten Gethsemane

Dies ist der denkwürdigste Garten der Welt. Man wagt es kaum, ihn zu betreten, nicht nur wegen des Geschehens vor zweitausend Jahren, sondern weil der Ort auch noch genauso aussieht wie damals. Still ist es hier. Kein Mensch ist zu sehen. Nur der Wind rauscht durch die Olivenbäume. Man hat einzelne Jahresringe eines gefällten Olivenbaumes gezählt und kam bis in die Zeit *vor* Christus. Dasselbe hat man auch mit den kanadischen redwoods, mit Sequoias und mit dem Maulbeerbaum getan. Man sehe sich einen solchen Stamm einmal an! Als Christus hier vorüberkam, war es ein junger Baum mit glatter Haut, und noch immer steht er, als hätte er beschlossen: Ich sah ihn vorübergehen, und darum will ich nicht sterben. Brüchig und rissig, aber trotzdem ein *Zeuge*. Legt man die Hand auf seine verwitterte Rinde, so berührt man etwas, das *lebend* war, als zwölfmal ein Schatten daran vorbeischlich. Nicht dreizehn, denn Judas war schon fort. Vielleicht stammt die Dreizehn als Unglückszahl daher. Vieles von dem, was in unseren täglichen Sprachgebrauch übergegangen ist, kommt aus diesem umfriedeten Bezirk. Man denke einmal an den „Judaskuß". Der wurde hier gegeben, als der dreizehnte Schatten spät abends doch noch an jenen Bäumen entlangstrich, hinter ihm die römischen Soldaten. Oder an das „Krähen des Hahnes". Das wurde hier gehört. „Und er ging hinaus und weinte bitterlich." Oder an das Wort: „Denn wer das Schwert nimmt, soll durch das Schwert umkommen." Dieser Satz ist an dieser Stelle gesprochen worden. Und dann die Klage: „Laß diesen Kelch an mir vorübergehen." Davon stammt unser Ausdruck „den Becher bis zur Neige austrinken". Oder man denke an die Worte: „Kein Stein wird auf dem andern bleiben", die Christus spricht, als er von

hier aus auf der gegenüberliegenden Seite den Tempel sieht, der tatsächlich vierzig Jahre später von Titus dem Erdboden gleichgemacht wurde. Oder an die zu Petrus gesprochenen Worte: „Der Geist ist willig, aber das Fleisch ist schwach.“ Wie tief müssen diese Sätze in das Bewußtsein der Menschheit gedrungen sein, daß sie auf ewig im täglichen Sprachgebrauch verankert sind! Als Churchill seinerzeit nur Blut, Schweiß und Tränen versprach, gebrauchte er ein Bild, das jeder sofort verstand, weil sie an dieser Stelle vergossen wurden. Wenn man die Evangelien liest, handelt es sich dabei nur um ein paar Sätze. Man kann sie auf die Innenfläche seiner Hand schreiben. Aber jedes dieser Worte ist mit den europäischen Sprachen so eng verschmolzen wie eine Fliege mit dem Bernstein, der sie für immer gefangenhält.
Ich habe mich immer über den Satz „Vater, laß diesen Kelch an mir vorübergehen“ gewundert. Aber man muß weiterlesen. „Nicht mein, sondern dein Wille geschehe.“ Trotzdem bleibt er merkwürdig. Es war doch auch sein eigener Wille? Ich bin kein Theologe von Beruf. Übrigens können die Theologen darauf auch keine Antwort geben. Sie werden höchstens sagen, daß hier die menschliche Natur Christi durch seine göttliche hindurchbricht, was natürlich keine Antwort ist, sondern eine Wiederholung des Problems. Man steht ebenso ratlos vor dem „Eli, Eli, lama sabachthani.“ Denn warum sollte Christus kurz vor seinem Tode ausrufen: „Gott, mein Gott, warum hast du mich verlassen?“, wenn er selbst Gott

ist? Das Einzige, was man sagen kann, ist, daß diese Stellen authentisch sein müssen wie alle, an denen etwas steht, das schwer in Einklang zu bringen ist mit dem Glauben der Kirche an die Gottheit Christi. Man sieht dort den ursprünglichen Stoff durch die Stickerei hindurchschimmern. Es ist mir immer aufgefallen, daß Christus nirgends in den vier Evangelien ausdrücklich erklärt, daß er Gott sei. Es steht einfach nicht dort. Und es spricht für die Ehrerbietung, mit der seine Worte überliefert worden sind, daß man das auch später nicht eingefügt hat. Höchstens gibt er zu, der „Gesalbte“ zu sein, der Messias also, von dem das griechische Wort „christos“ die wörtliche Übersetzung darstellt. Aber das ist etwas ganz anderes; es hat mit der eschatologischen Erwartung des jüdischen Volkes zu tun.

Wer die früheste Kirchengeschichte kritisch liest, merkt auch, was für ein zweifelhaftes Problem das für die ersten Christen gewesen sein muß. Die Göttlichkeit Christi ist eine Verstehensweise, die erst langsam Gestalt annahm. Das geschah nicht ohne Widerstand. Von Irenäus, dem Bischof von Lyon, wissen wir, daß es im Jahre 187 schon zwanzig verschiedene Auffassungen gab; und Epiphanias nennt im Jahre 384 nicht weniger als achtzig. Besonders das Wort „Sohn Gottes“ und das Beten zum „Vater“ verursachten Schwierigkeiten, die am Ende durch das Dogma von der Dreieinigkeit gelöst wurden. Aber selbst dann blieben noch Zweifel. War der Sohn dem Vater gleich? Arius bestritt das. Erst im Jahre 325 wurde auf dem Konzil von Nizäa der Streit beendet und der Arianismus als „Ketzerei" verurteilt. Es ging dabei um *einen* einzigen Buchstaben, um das i. So was nennt man Wortklauberei. Trotzdem waren es Lebensfragen. Man darf nicht vergessen, daß lange Zeit hindurch ganze Teile Europas – Spanien sogar bis zur Eroberung durch die Araber – arianisch geblieben sind. Denn was bedeutete dieser eine Buchstabe? Athanasius meinte, daß der Sohn dem Vater *wesensgleich* sei. Das ist im Griechischen „homo-ousios". Arius hingegen wollte nur bis „homoi-ousios" gehen, das heißt dem Vater *ähnlich.* Der Unterschied ist ein i, das im Griechischen „Iota" heißt. Der Punkt auf diesem Buchstaben wurde mit „Tüttel" angedeutet, daher der Ausdruck: „Kein Tüttel oder Iota darf daran verändert werden." Man sieht auch hier wieder, wie diese uralten Streitfragen, die die ganze damalige Welt in Unruhe versetzten, in unserer Sprache lebendig geblieben sind. Im täglichen Sprachgebrauch sagen wir noch: „Das Tüpfelchen aufs i setzen", und auch das geht auf das Konzil von Nizäa zurück. Ich betreibe hier keine Etymologie. Ich will nur zeigen, wie heftig diese Probleme damals empfunden wurden. Jede europäische Sprache besitzt solche leeren Muscheln, in denen einmal etwas Lebendiges steckte.

Wie still es hier ist. Es kostet zwar etwas, im August nach Israel zu gehen, aber was man dafür empfängt, ist die Stille. Der Besuch von Stätten, an denen einstmals Großes geschah, endet meist mit einer Enttäuschung, weil zu viele Menschen dort sind. Das Große zeigt sich nicht, weil es sich gerade in der Stille vollzogen hat. Es ist wie mit einem Mikroskop. Man richtet es auf einen Organismus, aber durch das Licht zerstört man den ursprünglichen Zustand; man sieht nie, wie er wirklich ist. Dieses Mal ist es anders. Ich empfinde es als Gnade. Aber selbst in dieser Situation muß man auf der Hut sein und darf nicht zu *bewußt* denken: Hier ist es also geschehen. Man gerät dann leicht in einen Krampf, und dadurch erlebt man es wieder nicht. Im Grunde sollte man hier nur beten. Aber das ist mir nicht mehr möglich. Es geschähe zu bewußt, fast als touristische Pflicht. Man besitzt auch nicht die Einfalt des Herzens. Man sähe sich selbst im Garten Gethsemane knien, und da sind wir dann wieder beim Licht des Mikroskops. Selig die Armen im Geiste. Ganze Bibliotheken sind über diesen Satz geschrieben worden. Was kann Christus damit gemeint haben? Meiner Meinung nach das Fehlen dieser speziellen Art von Selbstbeobachtung, die mich jetzt daran hindert zu beten. Aber ich sehe das nicht als eine Krankheit an. Es ist eine Dimension, die dazugekommen ist, durch die mein Bewußtsein vergrößert worden ist, durch die es aber auch schwerer wird, ehrlich zu sein. Was früher echte Frömmigkeit war, kann jetzt Theater sein. Dies ist kein Psychologisieren ins Blaue hinein. Ich bin überzeugt, daß hier ein Grund für das Leerwerden der Klöster zu suchen ist. Sie sind alte Strukturen, die über eine bestimmte Art unbewußter Frömmigkeit gebaut waren. Und diese ist weg. Wir passen nicht mehr hinein. Nicht durch eine Verengung, sondern durch eine Erweiterung. Wir wissen zuviel. Was ich damit meine? Dieses: Wir finden es schön, einen Mönch in einem Klostergang zu sehen. Aber genau das hindert uns daran, Mönch zu werden. Das ist ein Zeichen, daß wir an einen Endpunkt gelangt sind, wir sehen etwas, das es früher nicht gab, etwas Zusätzliches. Dasselbe gilt auch für die Kathedrale von Chartres. Im Grunde kann man eine solche Kirche nicht „besichtigen". Sie ist gebaut, daß die Menschen darin beten, ohne sich der Schönheit des Raumes bewußt zu sein. Das meine ich mit Wissen: Dieses Bewußtsein, das zugleich den Zutritt zum Wesentlichen verschließt. Ich schaue voller Rührung auf eine Frau, die in einer Kirchenbank kniet und betet, und genau das ist der Grund, warum ich dort nicht knie. Jemand, der eine Muschel vom Strand aufhebt und bewundert, kann nicht zugleich auch in der Muschel stecken. Er kann sie nur bewundern, weil er außerhalb steht. Aber was drinnensteckt und wofür diese Muschel letzten Endes gemacht ist, das hat davon keine Ahnung. Ich erinnere mich an einen Vortrag über alte Trachten. Der Redner sagte damals etwa folgendes: Eine gemeinsame Tracht ändert und entwickelt sich *bis* zu dem Augenblick, da sie als „schön" empfunden wird. Von da an findet keine Entwicklung mehr statt. Die Tracht wird zum Museumsstück. Im Mittelalter hätte man hier nicht so herumschlendern können. Man hätte sich auf die Knie geworfen und gebetet. Daß wir das wissen, bedeutet, daß wir uns in einer anderen Epoche befinden. Es bedeutet zugleich, daß wir jene Geste nicht mehr wiederholen können. Tun wir das trotzdem, genießen wir uns, und das hat mich zu diesen

Überlegungen veranlaßt. Unumwunden etwas zugeben ist modern. Wir befinden uns in einer anderen Phase des Erwachsenseins. Wir können nicht anders. Warum nennen wir die Frömmigkeit dieser Menschen kindlich? Weil sie sich nicht beobachtet fühlten, und das ist kennzeichnend für ein Kind. Wir lesen auch das Evangelium anders als sie.
Nehmen wir einmal die Geschichte des Mannes, der hier am Boden lag: Christus selbst. Es gibt kaum eine ergreifendere. Namenloses Entsetzen überfällt ihn plötzlich, er schwitzt vor Angst Blut. An dieser Stelle fragte meine Mutter nicht weiter, ihr Herz zog sich zusammen. Aber *unsereiner* fragt: Wie ist so was möglich? Die Sache fängt an kompliziert zu werden. *Ich* frage: Woher wissen wir das? Nur drei der Jünger waren bis dahin mitgegangen, und auch diese drei schickte er dann fort. So steht es ausdrücklich geschrieben. Das Drama hat sich in absoluter Einsamkeit vollzogen. Dann kann es aber auch niemand gesehen haben. Trotzdem ist es aufgezeichnet. Wie das? Hat Christus es selbst erzählt? Das ist doch höchst unwahrscheinlich, und außerdem war keine Zeit dazu. Oder gab es *doch* einen Zeugen? Das steht wieder im Widerspruch zum biblischen Text. Ich habe nicht die Absicht, dieses Problem selbst zu behandeln, dafür gibt es genug andere. Ich möchte nur auf eine Art zu lesen aufmerksam machen, die nicht mehr mythologisch, sondern historisch ist. Wir lesen nun anders. Aber wir lesen dennoch. Ich wundere mich immer, wenn ich höre, daß das Interesse für das Wort Gottes abgenommen hat. Dabei sind in den

letzten Jahren mehr Bücher über das Evangelium erschienen als in den hundert Jahren davor; es wird auch unendlich viel mehr darüber gesprochen und diskutiert, nur anders als früher: mehr horizontal und direkter. Früher schüttelten die Leute den Kopf, wenn sie hörten, daß alle Apostel geflüchtet seien. Traurige Geschichte! Man konnte sich diese Entrüstung erlauben, es war bereits vor so langer Zeit geschehen. Es fand keine Identifikation statt. Heute denken wir: Das hätte ich auch getan. Diese Vermutung ist richtig. Die Kirche hat mit zwölf Deserteuren begonnen unter Leitung von jemand, der Jesus dreimal verleugnet hat, und der war der Beste aus dem Dutzend. Petrus ist nicht der erste Papst geworden, weil er das getan hat, sondern weil er der einzige war, der trotzdem wissen wollte, wohin man Jesus brachte. Er begab sich freiwillig in eine Situation, aus der er sich nur mit einer Lüge wieder herauswinden konnte. Die anderen sind nicht einmal so weit gefolgt. Nicht einmal seine Schwäche wurde von den anderen erreicht.
Es geht hier nicht darum, ob unsere Sehweise richtig ist oder besser als die frühere. Es geht um folgendes: Ein solcher Blick auf eine Situation kann entstehen, weil man sich mit den Akteuren identifiziert oder, besser noch, weil man in ihnen nicht mehr Akteure sieht, sondern Schicksalsgenossen. Was hier in diesem Garten geschehen ist, habe ich hundertmal als Kind von der Kanzel gehört, aber immer so, wie ich heute in der Wartehalle eines Flughafens eine Nachricht höre, die aus dem Lautsprecher an der Decke

kommt. Es sind Mitteilungen, die sich auf ein unsichtbares Flugzeug hoch in der Luft beziehen, mit dem etwas los ist, aber was, das weiß man nicht, weil man es nicht sieht. Unverbindlich wie die Stimme des Sprechers. So war es auch mit den Pfarrern. Der alte feierliche Ton verschwindet nach und nach. Wir glauben vielleicht weniger, weil wir das Evangelium aus der Höhe des Himmels zu uns heruntergeholt haben. Aber wir sind an dem, was wir glauben, innerlich auch mehr beteiligt. *Wir sind die Insassen.*

Der Steinfußboden von Pilatus

Fragte mich jemand: Zeigen Sie mir einmal eine Stelle, an der Jesus geraume Zeit gestanden hat, und zwar in einem entscheidenden Moment seines Lebens, dann würde ich ihn hierher bringen. Es ist ein kleiner Platz, der damals vor dem Eingang zum Palast des Herodes lag, unweit der Stelle, an der heute das Jaffa-Tor steht. Der Palast ist verschwunden, aber der Steinfußboden ist noch da, zwanzig Meter tief unter die Erde gesunken. Er wurde von französischen Archäologen vor nicht langer Zeit entdeckt. Johannes ist der einzige Evangelist, der ihn mit Namen nennt. „Lithostroton“ schreibt er, was etwa „erhöhter Boden“ bedeutet, bedeckt mit flachen Steinen. Es sind riesige, oben glattgeschliffene Pflastersteine, unregelmäßig in der Form, die meisten quadratisch, von der Länge eines Armes. Sie liegen vor mir, genau wie damals, mit Rinnen für Regenwasser und tiefen Furchen, die die Wagen darin ausgeschliffen haben. Der Steinboden, auf dem Jesus gestanden hat, den purpurnen Mantel um die Schultern, die Dornenkrone auf dem Haupt und fast immer schweigend. Er hat hier nicht viel gesprochen. Ich habe diese Stille immer als eine an Bestürzung grenzende Resignation verstanden über das Mißverständnis, das ihn wie eine Mauer umgab. Geht es Ihnen auch so wie mir, wenn Sie ein Foto von früher betrachten, daß Sie dann nicht so sehr auf die dort pflichtgemäß in Reih und Glied stehenden Personen achten, sondern mehr auf die Häuser *hinter* ihnen? Hat man Glück, entdeckt man auf einmal an einem Fenster einen Menschen, der überhaupt nicht weiß, daß er fotografiert wird, oder einen Mann in der Ferne, der gestikulierend mit einem anderen spricht, oder einen spielenden kleinen Jungen, der von nichts weiß. Er ist für eine Sekunde ins Bild gelaufen und für ewig festgehalten. So ergeht es mir auch mit den verehrungswürdigen Resten der Vergangenheit. Das Pantheon selbst ist mir zu mächtig, ein anonymes Monument, aber finde ich an der Rückseite einer Säule einen lateinischen Namen, der dort von irgend jemand eingeritzt wurde, dann bekomme ich auf einmal Tuchfühlung mit den Dingen. Ich habe einst den Namen von Johnson und Boswell in der Westminster-Abtei gefunden, mit einem Messer eingekerbt, und von da an *war* ich wirklich dort. Verstehen Sie das?

Wenn Sie sich jetzt hier auf dem Fußboden mit mir

niederhocken und jene Steine ganz andächtig betrachten, sehen Sie eine Anzahl Linien eingeritzt, die zusammen ein Spiel ergeben, das man auch bei uns manchmal auf der Straße mit Kreide gemalt sieht. Seine Spielregeln sind mir nicht genau bekannt, aber der Tod spielt darin eine Rolle, wie bei unserem Gänsespiel in Holland. Sehen Sie, wie eine Linie hier in ein Schwert ausläuft, das außerhalb des Spiels auf dem angrenzenden Stein eingekratzt ist? Außerhalb des Kreises sieht man eine Krone aus Dornen und eine Figur, die einen purpurnen Mantel darstellt. Es muß sich um ein sogenanntes saturnisches Spiel gehandelt haben, bei dem der Verlierer ironisch zum König gekrönt und danach getötet wurde. Im Ernst konnte man es nur mit einem Opfer spielen, das schon zum Tode verurteilt *war*. Daß man einen solchen Verurteilten zu hoher Würde erhob, findet sich in vielen alten Kulturen. Bei den Azteken in Mexiko dauerte es sogar ein volles Jahr, bis dem Verurteilten am letzten Tag das Herz herausgerissen wurde, nachdem ihm vorher alle seine Wünsche erfüllt worden waren. Bei uns ist im Brauch der „Henkersmahlzeit" noch eine vage Erinnerung daran übriggeblieben. Es war also ein „Königsspiel", daher dieses deutliche, tief eingekerbte „B" von Basileus, das im Griechischen König bedeutet. Diesen Buchstaben sieht man in der Ecke unten rechts. Wie dieses Spiel auch verlaufen sein mag, es muß für die römischen Soldaten, die es spielten, eine unerwartete Genugtuung gewesen sein, einmal einen Verurteilten in die Hände zu bekommen, der, Pilatus

zufolge, tatsächlich vorgab, „König der Juden“ zu sein. Er bekam deshalb ohne weiteres die herrscherlichen Symbole, die ihm kraft dieses Anspruchs gebührten: Krone und Purpurmantel.
Ich habe früher oft gedacht: Woher kamen diese Attribute so schnell? Beide erfordern ziemlich viel Arbeit, und man kann sie doch nicht auf Vorrat da haben. Die Antwort lautet: *Sie lagen in der Tat bereit,* aber nicht speziell für Christus, wenn sie auch durch den Anspruch, den er vertrat, wie für ihn geschaffen waren. Soweit ich es sehe, ist das die Lösung dieser Streitfrage. Ob sie richtig ist, weiß ich nicht, ich konnte keine Publikationen über die Einkerbungen auftreiben, und es gibt sie wohl auch nicht. Aber ist es nicht seltsam? Die Hand eines Soldaten, der sich langweilt, ritzt achtlos ein paar Linien in einen Stein und bestätigt damit das Evangelium. Er tut das gewissermaßen außerhalb des Bildes und gehört dennoch hinein. Das meinte ich vorhin, als ich von alten Fotos sprach. Eine Nebensache, die sich hinterher als das Wesentliche erweist.
Ich sprach vom „König der Juden“, und genau das war die offizielle Beschuldigung. Für diesen Anspruch wurde er verurteilt. Um diesen Punkt dreht sich die ganze Schuldfrage, die immer an einem anderen Nagel aufgehängt worden ist. Und welch schreckliches Unheil wurde dadurch angerichtet! Betrachten wir die Fakten einmal juristisch, wie es sich bei einem *Prozeß* gehört. Denn das war es doch letzten Endes. Die Kirche hat es immer so dargestellt, als habe das jüdische „Volk“ als solches einen Gottes-

mord begangen. Vor kurzem erst hat Rom diese Beschuldigung etwas abgeschwächt, zu einer völligen Korrektur hat es nur halbwegs gelangt. Deshalb lebt dieser Gedanke auch immer noch. Zwei Punkte sind wichtig: 1. ist nicht die Rede vom jüdischen *Volk*, sondern vom Sanhedrin: einem kleinen Rat, der nicht beliebt war und der speziell für diesen Fall eine Geheimsitzung abhielt; 2. ist Jesus nie vom Gerichtsvorsitzenden gefragt worden, ob er Gott sei. Der Gedanke ist ihm überhaupt nicht gekommen. Kaiphas fragte: „Bist du der Messias?" Darauf antwortete Jesus rundheraus mit „Ja". Als Argument, Kaiphas habe das als Gotteslästerung aufgefaßt, wird das Zerreißen der Tunika angeführt, was in der Tat bei einer Blasphemie geschah. Aber *wessen* Göttlichkeit wurde da geleugnet? Nicht die Jahwes. Darauf stand als Strafe übrigens nicht der Kreuzestod, sondern Steinigung. Es war ... Majestätsbeleidigung, weil hier die Souveränität des Kaisers geleugnet wurde. Auch Pilatus kümmerte sich nicht um die Göttlichkeit Christi, von der übrigens im ganzen Prozeß nicht die Rede ist. Auch er beschränkt sich auf die Frage, ob Christus sich für den Messias halte, was er dann als König der Juden übersetzt, denn die messianische Erwartung war ihm natürlich fremd. Der Kern, um den es geht, ist, daß hier nicht ein Gottesleugner, sondern ein Rebell gegen die Autorität des Kaisers verurteilt wurde. Denn im Alten Testament ist der Messias nie als Gott gesehen. Erst viel später, als die Göttlichkeit Christi sich zu behaupten begann, wurde der Prozeß in dieser Perspektive rekonstruiert, aber das ist nichts anderes als eine Geschichtsfälschung, die entsetzliche Folgen gehabt hat.

Ich meine die Judenverfolgungen. Der Antisemitismus hat verschiedene Ursachen. Aber eine von ihnen – und nicht die geringste – ist die Gehirnwäsche, der jeder Christ von frühester Jugend an unterworfen wird. Meine Eltern und Lehrer waren in keiner Weise Antisemiten, aber ich habe sie doch nie anders sagen hören, als daß das Blut Gottes über die Kinder Israels gekommen sei. Glauben Sie mir, so etwas kommt an. Warum waren die Juden als einziges Volk „jämmerlich" über die ganze Welt verstreut? Ich höre meinen Vater noch sagen: Sie hatten Gott ermordet. Sie waren verblendet gewesen, sie konnten vielleicht nichts dafür, und wir sollten auch gut zu ihnen sein, aber sie hatten es trotzdem getan. Jeder bekam das Gift in die Adern gespritzt, und das in einem Alter, in dem kein Gegengift vorhanden ist. Dachte man, daß so was keine Folgen habe? Ich habe einmal bei einem Vortrag gesagt, daß *jeder* Christ „von Geburt an" Antisemit sei. Hinterher kam jemand zu mir, der behauptete, davon gänzlich frei zu sein. Und wissen Sie, welches sein Argument war? „Ich betrachte die Juden völlig als Menschen." Das sagte er. Ein stärkerer Beweis für meine These ist schwerlich denkbar. Aber etwas davon steckt in uns allen. Selbst jetzt, während ich dies schreibe, habe ich einen kurzen Moment gegen das Gefühl anzukämpfen, was für ein nobles Mannsbild ich bin, weil ich so großzügig denke. Nie kann man das *ganz* abschütteln, weil die Injektion so *früh* gegeben wurde. Aber darum kann es auch nicht deutlich genug gesagt werden, daß die ganze Konstruktion eine Verfälschung ist. Wodurch? Dadurch, daß ein Gedanke in den Prozeß projiziert wurde, der erst hinterher aufgekommen ist. In jenem Moment war der Messias keine göttliche Gestalt, erst später ist er das geworden. Und niemand kann im nachhinein wegen einer Situation beschuldigt werden, die während des Prozesses nicht bestand. Das ist eine der ersten Rechtsregeln, und sie stammt sogar aus dem römischen Recht. Über jedem Kreuz in allen katholischen Wohnzimmern stehen die Buchstaben INRI. Sie bedeuten: *I*esus *N*azarenus *R*ex *I*udaeorum. Das ist die ganze Beschuldigung, exakt formuliert. Sie hing auch über dem Kreuz auf Golgatha. Das ist es, was Pilatus darüber dachte, und das bekam er buchstäblich vom Sanhedrin zugespielt. Was ist nun mit jenem Gottesmord? Eine spätere Konstruktion, mit Millionen Menschenleben bezahlt.

Welche Gründe hatte die Kirche dafür? Ich vermute dieses Motiv dahinter: Die Gottheit Christi sollte vom ersten Augenblick an von jedermann, also auch von den Juden, sofort erkannt werden. Als das einmal festgelegt war, konnte sie nicht mehr zurück. In diese Hypothese war zuviel investiert, sie konnte die Zeiger nicht mehr zurückdrehen. Selbst heute hat sie damit die größte Mühe. Als ob das allmähliche Wachsen eines Gedankens seine Wahrheit abschwächte. Diesen Irrtum hat die Kirche öfters begangen, zuletzt bei der Ablehnung der Evolutionslehre. Nein, alles mußte sofort und von Anfang an deutlich und vollendet gewesen sein. So auch hier. Dieser Fehlauffassung wurde das jüdische Volk geopfert. Mörder Gottes. Die ungeheure Aggression, die jede Minorität nun einmal weckt, hatte nun einen Titel. Die mittelalterlichen Pogrome waren legitimiert.

Die Kirche ist also schuld? Nein. Die europäische Menschheit, soweit sie christlich war, und das bedeutet die ganze damalige bekannte Welt. Jeder war die Kirche. Man kann in einer solchen Situation nicht eine bestimmte Institution beschuldigen. Die Kirche sprach aus, was alle Menschen dachten, und weil sie auch alle Menschen umfaßte. Wenn *jetzt* die katholische Kirche einen Fehler macht, kann man auf Rom verweisen. Damals nicht. Die Kirche und Menschheit waren eins. In einer solchen Kongruenz, die heute nicht mehr besteht, darf man die Schuld nicht delegieren. Sie lag auf allen Schultern. Wohl meine ich, daß nach dem Einstürzen dieses großen Daches über unseren Köpfen eine „lokale" Schuld entsteht, wenn sich die Kirche nicht korrigiert. Sie ist nun eine „Burg" für sich geworden. Von diesem Augenblick an muß sie in ihrer Verkündigung die Situation darstellen, wie diese gewesen ist, auch wenn das mit der Preisgabe einer liebgewordenen Fiktion bezahlt werden muß. Versäumt das die Kirche, tut sie dasselbe, was Pilatus hier an dieser Stelle getan hat: sie wäscht ihre Hände in Unschuld. Da haben wir wieder einen solchen Ausdruck. Er ist hier geboren.

Ich möchte doch so gerne wissen, wo Christus genau

gestanden hat. Der Grundriß der Juliaburg ist bekannt, aber die Evangelien sind sehr summarisch. Sicher ist, daß das erste Verhör durch Pilatus drinnen stattgefunden hat, und dieser Teil ist noch nicht ausgegraben. Aber die zweite Vernehmung nach der Geißelung muß draußen gewesen sein. Also hier. Warum? Wegen der Worte: „Ecce homo." Das kann Pilatus nicht ohne Zuschauer gesagt haben. Das bedeutet, daß Christus damals auf *diesem* Platz gestanden hat. Aber wo? Wahrscheinlich ist, daß der Prokurator des Kaisers einen gewissen Abstand wahrte und auf einer Terrasse saß. Diese Erhöhung liegt heute unter den angrenzenden Häusern verborgen. Aber die Stelle kurz davor liegt gerade noch innerhalb der Ausgrabung. Hier, wo ich nun stehe, ist es geschehen. An dieser Stelle hat Christus gestanden. An der anderen Seite der Mauer sind jene zwei Worte gesprochen worden. Und welche Antwort kam zurück? Nichts. Ringsum entlud sich ein furchtbarer Sturm mit „Kreuzigt ihn!", der in der Matthäuspassion noch nachwütet, aber in seinem Mittelpunkt blieb es still. Christus hat nichts geantwortet. Er hat bei dieser zweiten Vernehmung kein Wort gesprochen. Ein vollkommenes Schweigen.

Kapharnaum

Die Fahrt nach Kapharnaum war das Schlimmste, was ich in Israel mitgemacht habe. Ich kam vom Wege ab und fand mich nicht mehr zurecht.

Es hatte einmal jemand zu mir gesagt, daß es wenigstens in seinem Bekanntenkreis üblich sei, etwas herablassend vom „einfachen Gläubigen“ zu sprechen und ihn auch als ausgestorben anzusehen, so daß dieser Typ jetzt fast wieder progressiv werde. Daran erinnerte ich mich jetzt. Gesetzt den Fall, man ginge mit einem anderen in eine Kirche und dieser fiele dort auf die Knie und finge inbrünstig an zu beten, dann sähe man ihn etwas so Seltsames tun, daß man ihn gewissermaßen zur Vorhut rechne.
Gut und schön, aber dennoch spüre ich, daß in dieser Logik ein Denkfehler steckt. Wenn ich recht verstanden habe, läuft es darauf hinaus, daß Progressivität eine Frage der Statistik ist. Es gibt jetzt so viele fortschrittliche Menschen, daß die paar Nachzügler den Charakter von etwas Besonderem bekommen. Progressivität besteht nur als Ausnahmefall. Wird dieser zur Regel, gerät der Konservative, ob er will oder nicht, in die Avantgarde. Nein, damit bin ich nicht einverstanden. Aber es ist immer so schwierig, eine schillernde Bemerkung zu durchschauen, es ist, als brächte man einen bunten Ballon zum Platzen, und kommt sich dabei noch kühn vor. Trotzdem tue ich es. Die Idee, daß die Nachhut die Spitze einholen könne, geht von der Voraussetzung aus, daß die Menschen im Kreis laufen. Aber das tun sie nicht. Sie gehen in einer Spirale. Die Entwicklung des Denkens vollzieht sich nicht auf einer Ebene, es kommt noch eine Dimension dazu. Es mag dann zwar so aussehen, als wären die Letzten wieder am Punkt der Vordersten angekommen, aber dieser Punkt liegt trotz-

dem eine Drehung der Spirale höher. Man kann nicht stehenbleiben und nach einer Weile den Atem der Fortschrittlichen im Nacken fühlen. Der Kopf beißt nie in den Schwanz. Man spürt diese Erwartung zwar bei den Katholiken, die mit großer Pietät die Formen der Vergangenheit pflegen: die lateinische Messe, den gregorianischen Choral und vieles andere. Wartet nur, nächstens seid ihr froh, wenn diese alten Frömmigkeitsformen wieder aufleben. Ist das Neue dann da, sucht es doch nach eigenen Ausdrucksformen, weil die früheren Formen eine Spirale tiefer liegen. Es ist wie in der Politik: Man kann das „Ancien régime" nicht wiederherstellen. Was ist aus der Heiligen Allianz geworden? Die Französische Revolution war nicht mehr rückgängig zu machen, 1830 und 1848 ging diese Linie unaufhaltsam weiter. Die Metterniche verlieren immer, weil sie statisch denken.

Endlich bin ich bei der Ruine angekommen, die ich so lange gesucht habe. Ich wollte sie um jeden Preis sehen, weil hier die Synagoge stand, die am meisten in den Evangelien genannt wird. Christus muß hier unzählige Male gesprochen haben. Es war sozusagen seine Pfarrkirche. Sie liegt am See von Galiläa, und das ist seine Heimat. Er war Galiläer.

Hier ist Christus wirklich gewesen. An den noch aufragenden Ruinen sieht man, daß der Tempel im römischen Stil erbaut war, und man datiert ihn in die Zeit Christi. Selbst wenn er aus etwas späterer Zeit stammte, der Steinboden ist älter. Auf diesen Steinen hat Christus also wirklich gestanden. Das Geviert ist

nur klein. Es kann keinen Quadratmeter geben, auf dem er nicht gegangen ist. Ich denke wieder daran, daß die Größe des Glücks, das man bei einer solchen Entdeckung empfindet, den Anstrengungen entspricht, die es gekostet hat. Ich bin todmüde, aber der Lohn dafür ist eine tiefe Ergriffenheit. Hier ist Er gewesen. Das Glück läßt sich nicht beschleunigen. Will man eine Bergspitze erreichen, muß man selber hinaufklettern. Einen echten Überschwang des Gefühls muß man erkaufen, da hilft keine Droge.
Hier ist so unendlich viel geschehen. Besonders ein Ereignis finde ich so wunderbar; ich glaube, daß es bei Lukas geschrieben steht. Über diesen Steinflur, auf dem ich jetzt stehe, kommt ein Mann auf Jesus zu. Er hat eine verkrüppelte Hand. Das Evangelium spricht von einer verdorrten Hand, das ist schöner: man denkt an ein Blatt, das zu Boden fallen will. Vermutlich war es ein Leprakranker. Der Mann hofft, daß Christus ihn heilen werde, aber es ist Sabbat. Die Schriftgelehrten warten ab, was er tun wird, denn nach dem jüdischen Gesetz darf er am Sabbat keinen Finger krumm machen. Und dann tut Christus etwas sehr Merkwürdiges. Er führt den Mann zur Mitte des Steinfußbodens, blickt im Kreis umher und fragt: Müssen wir jemand, der in Lebensgefahr ist, nicht retten, auch wenn es Sabbat ist? Dann wendet er sich um und sagt: Deine Hand ist genesen. Und sie war genesen.
Man könnte jetzt fragen, was daran so Besonderes sei. Er hat größere Wunder gewirkt. Sicher. Es geht auch nicht um das Wunder, das geschah wie ge-

wöhnlich nebenbei, und Christus ging auch sofort weiter seines Weges. Es geht um die Motivierung. Die Selbstverständlichkeit, mit der hier die alten Formen beiseite geschoben werden. Die machen auch uns zu schaffen. Für viele Menschen bedeuten die Äußerlichkeiten, die um den Glaubensinhalt ranken, etwas, das um keinen Preis abgebrochen werden darf. Christus tut das mit einer Leichtigkeit, die fast nonchalant genannt werden kann. Und doch war es nichts Geringes. Nach so vielen Jahrhunderten ist es nicht leicht, sich vorzustellen, *was* denn hier eigentlich weggefegt wurde. Die Sabbatspflicht war kein Zierat, sie war eine Mauer, und Christus stößt sie mühelos um, noch dazu im Beisein derer, denen die Bewachung anvertraut war. Was hinter der Mauer war, hielt er für wichtiger als die Mauer selbst. Wenn etwas anfängt, eine Last zu werden, darf es abgeschüttelt werden. Die Haut muß ein lebendiger Organismus sein, und wir müssen uns dauernd „häuten". Wenn etwas abgestreift ist, hat es keinen Sinn, sich danach umzuschauen. Es ist tot.

Die Treppe

Auch über diese Stufen ist Christus wirklich gegangen. Es ist die Treppe, die von Gethsemane zum Palast des Kaiphas führt, denn Christus wurde nicht sofort zu Pilatus gebracht, sondern erst vom Sanhedrin verhört. Mit Sicherheit wurde er diese Treppe hinaufgeführt, gefesselt und von einer Kohorte rö-

mischer Soldaten bewacht. Die steinernen Stufen sind noch gut erhalten. Ein Assumptionistenpater entdeckte eine durch Zufall, und sein Orden errichtete dann dort eine Kirche und ein Kloster. Die Kirche ist dem heiligen Petrus geweiht mit dem Zusatz „in galli cantu", das bedeutet: wo der Hahn krähte. Denn hier hat Petrus der Überlieferung nach Christus dreimal verleugnet.
Die Treppe ist lang; sie ist zuerst in einem Bogen geführt und dann ziemlich steil nach unten. Mir kommt der sonderbare Gedanke, daß nicht ein einziger jener römischen Soldaten erkannt hat, welchen Höhepunkt seiner militärischen Laufbahn er in diesem Moment erlebte. Jeder von ihnen wird, nach Italien zurückgekehrt, dort seine Abenteuer erzählt haben. Über diesen kleinen Zwischenfall hat er vermutlich geschwiegen, weil er seiner Erinnerung entschwunden war. Vielleicht hat nur der Legionär, dem das „Gewand ohne Naht" durch das Los zufiel, sich Jahre später noch einmal gefragt, wo es nur herstamme, bis er es aufgab, danach zu fragen. Nirgends finden wir den Namen Christi in den zeitgenössischen römischen Annalen verzeichnet. Ein Namenloser ist hier vorübergegangen. Es ist sogar möglich, daß die Menschen, die zur selben Stunde die Stufen herunterkamen, nicht einmal den Kopf hoben, als ein gefesselter Mann an ihnen vorbeigeführt wurde. Nur ein Hahn hat zweimal gekräht. Jahrhunderte später wachsen in ganz Europa Kathedralen aus dem Boden, und in ihren Fensterrosetten wird gerade *dieser* Moment unauslöschlich eingebrannt. Denn der Ver-

rat des Petrus hat sich tief ins Bewußtsein der Menschen eingeprägt. Ich verstehe das sehr gut. Das Geschehnis wirft zwei Fragen auf. Die erste: Warum hat die Geschichte der Kirche mit einer gigantischen Lüge begonnen? Und die zweite: *War* es eine Lüge? Es beschäftigt mich immer mehr, je länger ich hier bin. Und es ist, als kämen diese verzweifelten Worte „Ich kenne den Menschen nicht" mir immer näher. Ich spreche jetzt etwas aus, worüber ich lange nachgedacht habe. Ich möchte es bei diesen Stufen endlich einmal loswerden. Ich glaube, daß Petrus hier etwas erklärt hat, das wahr ist. *Er kannte ihn in der Tat nicht.* Bis zu dem Moment, in dem die Einsicht buchstäblich wie Feuer in sie eindrang, haben jene zwölf in einem zermürbenden Zweifel gelebt. Von Karfreitag bis Pfingsten hat die Kirche eine Periode durchgemacht, in der es *keinen einzigen Gläubigen gab.* Und doch gab es damals Kirche. Sie war nicht für kurze Zeit verschwunden. Von den Worten „Es ist vollbracht" bis zur Ausgießung des Heiligen Geistes gab es keine Leere. Es gab nur keine Sicherheit. Aber das bedeutet doch, daß die Kirche auch im Zweifel fortbestehen kann. Es bedeutet, daß das Nichtmehr-Wissen ein Zustand ist, der in einer Glaubensgemeinschaft Daseinsberechtigung hat. Die Ratlosigkeit, in der wir uns im Grunde heute alle befinden, ist nichts Neues. Sie ist so alt, daß die Kirche damit sogar begonnen hat. Eine Zeitlang hat niemand Christus erkannt. Die ganze Ecclesia bestand aus *einem* einzigen Gläubigen, und das war Christus selbst. Und diese Situation hat Wochen gedauert.

Damit ist das Zweifeln als mögliche Form des Verbleibens in der Kirche legitimiert. Wer dieser Art Ratlosigkeit nachgibt, stellt sich nicht außerhalb jener Gemeinschaft: Er findet sich in den ersten Christen wieder. Er lebt in der gleichen Situation wie jene elf Menschen, die einer wie der andere zu den Heiligen der Kirche zählen.
Der Grund, warum mir diese Einsicht einen Schock versetzte, ist, daß ich in Sicherheit aufgewachsen und erzogen bin. Ich habe nie etwas anderes gekannt als „wasserdichte und feuerfeste" Glaubenswahrheiten. Sie wurden mit einer Sicherheit verkündet, die auch den leisesten Schatten eines Zweifels ängstlich beiseite schob. Deshalb habe ich den Zweifel für etwas angesehen, das mich außerhalb der Kirche stellt. Das war die allgemeine Auffassung, und die Folge davon war, daß der Zweifel verdrängt wurde. Aber weil er trotzdem da war, geriet die Kirche in einen Zustand der Verkrampfung, den ich im salbungsvollen Ton der Verkündigung deutlich erkannte, in diesem typischen feierlichen Sonntagsklang, mit dem die Unsicherheit zugedeckt wurde. Dieser Ton ist heute weg. Der Prediger auf der Kanzel benimmt sich wieder normal. Das ist schon etwas, aber es reicht noch nicht. Auch die Gläubigen unten müssen ein wenig freier und gelockerter werden und den Zweifel in ihrer Mitte dulden. Ich sage das nicht als Empfehlung für etwas, das man auch unterlassen könnte. Es ist eine Bedingung für das Weiterbestehen. Der Zweifel *ist* ja da. Wir müssen lernen, damit zu leben. Namentlich die katholische Kirche kann nicht mit ver-

bissener Sicherheit – ein Erbe der Gegenreformation – weitermachen in einer Zeit, die von Skepsis durchdrungen ist. Sie gerät dann unter eine Glasglocke und entfernt sich mehr und mehr von ihrer Umwelt. Sie wird dann zu etwas Seltenem und Kostbarem, an dem man unbesehen festhalten will, wie eine Legion, die sich nicht ergibt. „La garde meurt, mais ne se rend pas – die Garde stirbt, aber ergibt sich nicht." Heroisch, aber völlig sinnlos. Darauf folgt Waterloo. Wir müssen uns eben doch ergeben, nicht dem sicheren Wissen, daß es nicht wahr sei, sondern der Möglichkeit, daß es nicht wahr sein könnte. Das muß von neuem zur Diskussion stehen. Erst dann wird die Verkündigung wieder glaubwürdig, weil sie in die Zeit paßt, in der wir leben, und unserer eigenen Situation auch entspricht. Wenn wir Christus nicht mehr in der Gestalt erfahren, in der er uns überliefert wurde, dürfen wir das ruhig aussprechen. Es zu verschweigen wäre eine Lüge. Petrus hat nicht gelogen. Er sagte, was wir heute alle denken: Ich kenne ihn nicht. Er stellte sich dadurch nicht außerhalb der Kirche. Er ist, wie man sagt, Bischof von Rom geworden.

Die folgenden vier Abschnitte sind Stätten gewidmet, von denen es nicht unbestritten feststeht, ob Christus dort wirklich gewesen ist. Sie sind aber so verehrungswürdig, daß ich sie dennoch aufsuchte.

Die Herberge

Wer von Jerusalem nach Jericho geht und dabei den alten Weg nimmt, kommt an der Herberge des barmherzigen Samariters vorüber. Sie liegt auf halbem Wege. Es gibt in dieser öden Landschaft hier weit und breit keine andere Herberge, und sie war auch die einzige zur Zeit Christi. Die Mauern stammen aus späterer Zeit, das verraten die schmalen Schießscharten, die bereits auf den Gebrauch von Gewehren schließen lassen; für Pfeil und Bogen sind sie nicht gemacht. Aber die Fundamente und die alten Wasserreservoire, die man unter dem Erdboden gefunden hat, sind römisch und datieren aus der Zeit kurz vor Christus.

Vermutlich ist er selbst hier gewesen. Er ist oft durch diese dürre Landschaft gezogen, und warum sollte er nicht an dem einzigen dafür in Frage kommenden Ort geruht haben?

Wie still es hier ist. Kein Mensch weit und breit. Der Weg schlängelt sich durch eine vollkommen unbewohnte Gegend, die an eine Schlucht auf dem Mond denken läßt. Und trotzdem mußten ihn die Menschen benützen, weil es keinen anderen gab. Es spricht für die topographische Kenntnis Jesu, daß er gerade hier den Raubüberfall ansiedelt, in den Spalten und Felsen ringsum ist man schnell wieder verschwunden. Die Geschichte vom barmherzigen Samariter ist im Grunde die Antwort auf die Frage eines Rabbiners: Wer ist denn mein Nächster? Das dann folgende Gleichnis ist das schönste, das Christus jemals erzählt hat. Zweimal versagt das damalige Establishment, das vorüberkommt, bis endlich der Mann kommt, der nicht schwadroniert, sondern handelt. Vor allem der Schluß ist so herrlich. „Welcher von diesen dreien scheint dir der Nächste geworden zu sein?" Der Schriftgelehrte bekommt selbst in diesem Augenblick das verhaßte Wort „Samariter" nicht über die Lippen und sagt: der Barmherzigkeit an ihm geübt hat. Und dann folgt dies: „Geh hin und tu desgleichen." Das Überlegene dieses Abschlusses liegt im plötzlichen Übergang zur persönlichen Aufforderung. Im Grunde wird etwas übergangen, und diese Station liegt nun gerade auf dem Fachgebiet des Opponenten: *das Erwägen* der Anwendbarkeit. Er muß unverzüglich anfangen.

Gäbe es eine Statistik der Themen, die jemals für Predigten ausgewählt wurden, würde das vom barmherzigen Samariter vermutlich an der Spitze stehen. Und diese Geschichte, gerade weil sie die schönste des Evangeliums ist, eignet sich dazu am wenigsten. Sie ist so gut, daß man sie nur vorlesen kann. Jeder Zusatz bedeutet eine Abschwächung. Es steht schon darin sogar mit der Anwendung. Es ist kein Raum mehr. Was der Prediger auch anstellt, alles ist schon gesagt, und zwar besser und bündiger. Man darf daran nicht rühren.

Vielleicht kann man sich fragen, ob man hier bei der Herberge, in die der Schwerverletzte geschafft wurde, nicht doch zum Text Aktualisierendes hinzutun darf. Die Frage zeigt die Kraft dieser Erzählung. Sie geht vom Ort des Geschehens aus. Aber es ist niemals geschehen. Der Mann wurde nur in der Phantasie des Erzählers hierhergebracht. Man vergißt das einfach. Er ist ebensowenig hier wie bei uns zu Hause gewesen, und doch hat man das Gefühl, an einer „historischen Stätte“ zu stehen, was sie in diesem Sinne nun gerade *nicht* ist. Haben Sie sich früher auch einmal in dem Gedanken gefallen, von den drei Vorübergehenden seien Sie der Samariter gewesen? Das dürfte ein Irrtum sein. Man gibt sich selbst einen Platz in einer *bestehenden* Erzählung, von der man weiß, wie sie ausgeht. Ich habe einmal eine merkwürdige Geschichte über einen Rabbiner gelesen, der Wunder wirken konnte. Eine kinderlose Frau ging zu ihm, um ihn um Fruchtbarkeit zu bitten. Sie traf ihn nicht zu Hause an, denn er war anderswo. Aber als sie dorthin kam, war er schon wieder in die nächste Stadt gegangen. Die Frau war arm und mußte zu Fuß gehen, und jedesmal wenn sie irgendwo ankam, war er gerade wieder weggegangen. Endlich, nach wochenlangem Umherirren, fand sie ihn. Der Rabbiner war über ihren großen Glauben gerührt. Er segnete sie, und ein Jahr später war sie Mutter. Das hörte eine andere Frau, die sich in derselben Lage befand. Ihre Schwierigkeiten, den heiligen Mann zu finden, waren genauso groß, aber als sie ihn am Ende fand, gab er ihr diesen Segen nicht, und sie blieb unfruchtbar. Seine Schüler fragten ihn nach dem Grund, und der Rabbiner antwortete daraufhin: „Die zweite *kannte* die Geschichte, die erste nicht.“ Die Antwort gefällt mir: Das Wissen um den Ausgang macht den Segen unmöglich. Genau darin liegt unsere Schwierigkeit mit den Gleichnissen Christi. Man identifiziert sich mit einer jener Gestalten und wählt natürlich die beste. Das kostet nichts. Aber man fragt sich dann, ob man nicht schon oft weitergefahren ist, wenn man irgendwo ein Unglück sah, weil man es eilig hatte und dachte: Hinter mir sind noch genug andere, die sicher aussteigen werden, um zu helfen; dann gerät man in eine andere Geschichte, die noch nicht erzählt ist. Und doch ist es gerade das, was der Priester und der Levit gedacht haben. Niemand, der auf dem Fernsehschirm das schrecklichste Leid sieht und hinterher ruhig schläft, denkt an diese beiden. Es ist seine eigene Geschichte, die noch nicht aufgezeichnet ist. Ich habe nie die Klage verstanden, das Evangelium würde zu wenig gelesen. Im Gegenteil, es ist zu bekannt. Der barmherzige Samariter ist ein Begriff geworden. Wir sind bereit, genauso zu handeln, aber nur auf diesem schmalen Weg von Jerusalem nach Jericho. Darum wird uns auch der Segen vorenthalten.

Bethlehem

Haben Sie auch ein Ohr für den besonderen Klang eines Namens? Kinder haben das sehr stark. Manchmal so stark, daß sie ihren eigenen Namen verändern, weil er noch nicht zu tragen ist. Sie wählen etwas Leichteres. Ich habe den meinen, der auch eine große Last war, erst spät auf meine Schultern genommen, nach langen Erholungspausen mit „Fritz“

und „Hans“, die ich wie eine Feder trug. Den Namen Bethlehem fand ich herrlich. Die vielen e's verleihen ihm etwas Schneeiges, und zugleich ist der Bau des Wortes so kompakt, daß er Behaglichkeit ausströmt. Eine weiße Geborgenheit. Ich sah eine kleine Stadt im Schnee vor mir, umgeben von leicht gewellten Hügeln, bestückt mit Schafen, und das Ganze weiß gepudert. Irgendwo in dieser Ebene stand der Stall. Dort ging es besonders häuslich zu. In einer reinlichen Krippe lag Jesus. Es gefiel ihm dort offenbar gut, er schaute freundlich nach oben, mit einem Strahlenkranz um sein Köpfchen, der jedes Mißverständnis ausschloß. Maria und Joseph waren auch zu sehen, sie knieten rechts und links von ihm, in inniges Gebet versunken. Schön, dieses Glück auf den steinernen Gesichtern. Völlige Sorglosigkeit trotz sehr bedrängter Lage kennzeichnete diese Familie. Traulich waren Ochse und Esel, von denen eine beträchtliche Wärme ausging, so daß zumindest nicht geheizt werden mußte. Auch die Tatsache, daß so große Tiere unbekümmert hereinkamen, befremdete die Heilige Familie nicht im geringsten. Weiter gab es noch unzählige Schafe, die sich um das freudige Ereignis drängten und immer weniger wurden, je weiter sie von der Krippe wegstanden. Weit in der Ferne kamen die drei Könige, und jeden Tag wurden sie ein bißchen näher geschoben, bis sie am 6. Januar ihr Ziel erreicht hatten. Sie hießen Kaspar, Melchior und Balthasar. Drei schwere Glocken können nicht tiefer klingen. Sie trugen Gold, Weihrauch und Myrrhe. Was „Myrrhe“ war, wußte niemand auf der ganzen Welt, und man fragte auch nicht danach. Einer der drei war schwarz. Wer? Ich tippte auf Melchior, weil er den dunkelsten Namen hatte. Einmal, kurz nach Dreikönig, geriet die ganze Krippe in Brand, und alle drei Könige waren schwarz vor Ruß. Damit hörte die Frage auf zu bestehen. Oben im Stall schwebte ein Engel, der ein Tüchlein trug, das ich für eine Windel hielt. Diese etwas umständliche Art der Säuberung paßte ganz zu dieser Familie, die in ihrer Entrücktheit für praktischere Lösungen keinen Sinn hatte. Ich wäre gern jener Engel gewesen. Er war der einzige, der etwas tat, wie bescheiden sein Beitrag auch sein mochte. Und dann gab es noch die „Hirten", die in lässigen Haltungen mit gekreuzten Beinen, angelehnt, sitzend und manche sogar ein Pfeifchen schmauchend dabeistanden. Als Kind ärgerte man sich nicht darüber, man nahm es so, wie es kam. Erst später hörte ich, daß sie aus einer ganz anderen Schachtel stammten und eigentlich zur Oper „Les Bergerettes" gehörten. Man sah das alles im Kerzenschimmer des Christbaumes, der dicht danebenstand und dessen feiner Duft von Tannennadeln, Harz und brennendem Wachs das ganze Haus durchzog. Aus der Küche, wo Anna noch hantierte, drang wie ein Summen ein Weihnachtslied. Die Gardinen waren dicht geschlossen. Draußen war Nacht. Bethlehem …

Da ich nun selbst in Bethlehem stehe, bin ich unsagbar enttäuscht. Es ist, als begegnete man endlich einer Geliebten, der man jahrelang geschrieben hat, und findet eine verblühte Frau. Nein, das ist noch zu schwach. Man findet eine Hure. Denn was sich hier tut, ist Frömmigkeit, die sich prostituiert. Härter kann es nicht gesagt werden. Wäre es möglich, würde ich es tun. Dort drüben eine Gaststätte, die „In the Manger" heißt, also „In der Krippe". Und dort ein Pfeil, der auf eine andere Wirtschaft weist: „To the Three Kings". Und hier ein Laden, der schlicht und einfach „With Jesus" heißt. Sein Inhaber hat zumindest Mut, er greift gleich nach dem Kern. Es fehlt nur noch ein Ballon über der Stadt mit der Aufschrift: „And we all with Judas". Das Schlimme sind nicht diese Läden mit Devotionalien, die findet man in allen Wallfahrtsorten, sondern die Benutzung heiliger Namen für Geschäfte und Gaststätten, wo sie dieselbe Kraft haben wie Coca und Dortmunder Union, so was ist unerträglich. Davon muß ich mich erst einmal erholen. Dabei kommt mir ein Onkel in den Sinn, der nach Lourdes wollte, obwohl ihm zu seinem Bedauern nichts fehlte. Er ist trotzdem gefahren, stolperte am Gnadenort und kam dann mit einem Gipsbein und an Krücken zurück. Ich habe lange darüber nachgedacht, ob eine solche Verwandlung wohl zu den Wundern in umgekehrter Reihenfolge gerechnet werden könne. Genaugenommen war dort doch etwas geschehen.

Inzwischen habe ich die Geburtskirche erreicht. Ich glaube, daß dies die älteste Kirche der ganzen Christenheit ist, denn sie datiert noch aus der Zeit Kaiser Konstantins, der im Jahre 330 mit ihrem Bau begann. Er hat sie noch vollendet gesehen. Äußerlich ist viel verändert, aber der Innenraum stammt noch aus frühchristlicher Zeit. Sie ist auch die einzige Kirche, die man, soviel ich weiß, gebückt betreten muß, denn ihre Eingangstür ist nur schulterhoch. Ich bin immer geneigt, dahinter einen tiefen Gedanken zu vermuten, aber der Grund war einfach der, den Eseln und Kamelen, die damals frei in der Stadt herumliefen, den Zugang zu verwehren. Dicht darüber befand sich einst ein Mosaik, das die drei Könige darstellte. Ihretwegen ist die Kirche von der Zerstörung verschont geblieben. Als die Perser im Jahre 614 ganz Palästina wieder einmal dem Erdboden gleichmachten, sahen sie, daß jene Könige in persische Gewänder gehüllt waren. Es muß sich wohl um römische Tuniken gehandelt haben. Sie ließen daraufhin die Kirche ungeschoren. Dasselbe Mißverständnis wie mit dem Reiterstandbild Marc Aurels auf dem Kapitol, von dem die Christen ihrerseits wieder dachten, es sei ihr eigener Konstantin. Darum steht es jetzt noch dort. So war es auch mit dieser Kirche. Die Menschen müssen einem Irrtum unterliegen, damit sie etwas *nicht* zertrümmern.

Man merkt gleich beim Hereinkommen, daß es sich hier um einen Beginn handelt. Ich finde diese strengen frühromanischen Kirchen prächtig; vor allem wenn sie noch die schlichte Basilikaform haben, sind sie am eindrucksvollsten. In der Gotik, wie sublim sie auch sein mag, sitzt schon ein Element der Eitelkeit, oder sagen wir lieber ein bewußtes Streben nach Schönheit, indessen in diesen asketischen Linien die Frömmigkeit selbst Gestalt annimmt. Ein reines Gebet, aber in Stein erstarrt. Und wie eigenartig es in einer *sehr* alten Kirche duftet. Wenn ein Gotteshaus über tausend Jahre alt ist, haben seine Mauern die Gebete der Menschen absorbiert und atmen sie wieder aus, so daß man wirklich in einem Duft von Heiligkeit steht. Was ist hier das Wesentliche? Eine kleine Höhle dicht unter dem Boden. Ich steige eine Wendeltreppe hinab und *stehe dort.* Hier wurde die Nabelschnur einer neuen Welt abgetrennt. Auf dem Boden ein silberner Stern, mehr nicht. Nur noch diese Worte: „Hic de Virgine Maria Jesus Christus natus est." Ist er hier wirklich geboren? Schon der *Glaube,* daß es die Stelle ist, hat zur Folge, daß es diese Stelle auch *wird,* weil man die Gebete von Jahrhunderten nicht einfach auswischen kann. In diesem Fall ist die Tradition schon sehr alt. Kaiser Konstantin hat diese Kirche über einer *Grotte* bauen lassen. Das Lukas-Evangelium sagt jedoch nichts von einer Grotte. Wohl sagt Lukas, daß „kein Platz in der Herberge" war. Eine Höhle im Felsen ist dann die auf der Hand liegende Lösung, denn von Höhlen wimmelt es hier. Die Überlieferung hat von Anfang an *diese* Grotte als die authentische ausgewiesen. Wie alt diese Tradition ist, sieht man daran, daß schon Justinus (der Märtyrer) sie im Jahre ...155 nennt, was bedeutet, daß diese Stätte schon vorher besucht und verehrt wurde. Der nächste Zeuge ist Origenes, der Kirchenvater, der selber im Jahre 250 über ihre Echtheit eine Abhandlung geschrieben hat. Und dann natürlich Hieronymus, der Mann, der die Bibel ins Lateinische übersetzte. Der war so fest davon überzeugt, daß er 34 Jahre in einer eigenen

Grotte ganz in der Nähe gelebt hat. Mit ein paar Schritten habe ich sie erreicht. Hieronymus' Höhle ist das ganze Mittelalter hindurch immer wieder gemalt worden und stets mit einem vergnügt dreinschauenden Löwen zu Füßen des Meisters. Man muß sich das einmal vorstellen: hier lebte von 386 bis 420 ein Mann, der keinen Moment an der Echtheit jener anderen Höhle zweifelte und auf dessen Namen zugleich die „Vulgata“ steht. Ich werde damit nie fertig. Die enorme Gelehrsamkeit eines solchen Geistes, kombiniert mit einer Naivität, die heutzutage keine Menschenseele mehr aufbringen würde. Ist das zu verstehen? Ich meine dieses Zusammenfallen von Intellekt und Glaube, auch bei den größten Geistern jener Zeit. Wir haben das verloren. Bei uns liegen diese Dinge weit auseinander, aber ein solcher Mann hatte offenbar nicht die geringste Mühe, in dieser kleinen Höhle die nuanciertesten Begriffe auszuklügeln und zugleich zu *wissen*, daß er neben der authentischen Geburtsgrotte wohnte. Für uns sind das zwei getrennte Gleise, aber jene Menschen fuhren auf einer Einschienenbahn.

Ich möchte das um keinen Preis zurückhaben. Wissen und Glauben sind auseinandergewachsen. Wir müssen lernen, in einer Luft zu atmen, die von Zweifeln übersättigt ist. Ich stelle lediglich fest, daß Hieronymus das nicht gekannt hat. Er kannte keine Atemnot, denn alles war Magie. Und dasselbe gilt für die Menschen, die nach ihm kamen: als er starb, wurde *seine* Grotte wieder zu einem Wallfahrtsort. Solche Beispiele gibt es mehrere. Ein Stückchen weiter ist zum Beispiel die Stelle, wo der Überlieferung nach der Engel dem Joseph erschien, um ihm zu verkünden, daß er mit Maria und dem Kind nach Ägypten gehen solle. Dort brennen Kerzen und knien die Menschen. Und hier ein Stückchen weiter liegt die Quelle, die speziell für die Heilige Familie entsprungen ist. Der Stern, der den drei Weisen aus dem Morgenland den Weg nach Bethlehem wies, fiel in diesen Brunnen und erlosch. Man glaubte das alles. Sonst gäbe es diese Stätten nicht. Die Fähigkeit zu glauben muß grenzenlos gewesen sein. Die Menschen nahmen die Offenbarung buchstäblich. Sie dachten: dieser Stern war einmal da, und nun ist er verschwunden, also muß er irgendwo heruntergefallen und erloschen sein. In diesem Fall gab es seit dem fünfzehnten Jahrhundert noch einen besonderen Grund, daran zu glauben, denn damals entstand die Legende, daß unverheiratete Mädchen, die noch Jungfrau waren, den Stern wirklich auf dem Grunde liegen sehen konnten, und die anderen nicht. Jene anderen verschwiegen das natürlich, wenn sie über den Rand blickten.

Und was ist mit den Männern? Alle Wallfahrtsorte in ganz Europa wurden vom Glauben der Frauen getragen. Ich spreche darüber in der Vergangenheitsform, denn das ist jetzt vorbei. Ob man nach Kevelaer oder Loreto kommt, es ist vorbei bis auf drei Ausnahmen: Lourdes, Compostela und Fátima. In Lourdes und Fátima wird die Mutter Maria verehrt, in Compostela der Apostel Jakobus. Europas älteste Wege führen nach Compostela. In jeder Stadt von

einiger Bedeutung gab es ein Jakobinerkloster, das Pilgern nach Compostela Essen und Obdach für die Nacht gewährte. Compostela war ein Mittelpunkt in der mittelalterlichen Welt, und an vielen alten Giebeln sieht man noch die Muschel, die auf den Fischer Jakobus verweist. Die Menschen trugen sie auch auf ihren Hüten. Schauen Sie sich einmal Pilger auf einem alten Gemälde an. Es sind fast immer Jakobiner. Die Französische Revolution hat in einem Jakobinerkloster begonnen.
Das Kloster, vor dem ich nun angelangt bin, gehört Franziskanern, aber drüben die beiden anderen der armenischen und der griechischen Kirche. Zu dritt besitzen sie die Geburtsgrotte. Um das Heilige Grab selbst drängen sich noch mehr Kirchen, die alle ein Stückchen von ihm annektiert haben. Tragisch eine solche Zersplitterung. Darüber klagte einmal ein Pater beim Heiligen Grab, weil dort die Lage völlig unübersichtlich ist. Er wollte eigentlich sagen, wenn alle dasselbe glaubten wie er, gäbe es keine Zersplitterung. Dem Mann wurde nicht bewußt, daß die eigenen Dogmen die davon abweichenden Meinungen *heraufbeschworen* haben. Die Kirche von Rom wollte in der Vergangenheit viel zu viel formulieren: Über das Wesen des Sohnes, die Art von Marias Mutterschaft, die Transsubstantiation usw. Und das rief natürlich wieder Gegenformeln auf, die dann als „Ketzereien" abgeurteilt wurden. Meine private Ketzerei ist diese: Die Ursache der Zersplitterung der Christenheit liegt in der ausgeprägten juristischen Natur der katholischen Kirche, wodurch sie je-

desmal aufs neue versuchte, in Definitionen einzufangen, was Mysterium ist und sich dem Formulierbaren entzieht. Diese Neigung ist typisch „römisch“, das heißt ein Erbe der Römer mit ihrer Vorliebe für exakte Benennung. Und was dies betrifft, so hat sich die katholische Kirche auch wenig wie eine Mutter betragen, eher wie ein Vater, der alle paar Jahre wieder ein Kind aus dem Haus jagte. Die orientalischen Kirchen sind in dieser Hinsicht bescheidener gewesen. Sie hielten diese Geheimnisse in Ehrfurcht verborgen. Die heiligen Stätten Israels dienen jetzt für Familientreffen. Alle die Söhne und Töchter, die einmal zur Tür hinausgeworfen wurden, kommen hierher zurück. Sie stehen an jenen Stellen mit ihren Kerzen und Gebeten wie ein lebendiger Vorwurf für die Wortklauber der Vergangenheit. Man kann sich darüber ärgern, obwohl ein „mea culpa“ richtiger wäre.

Ich suche den kürzesten Weg, um aus Bethlehem herauszukommen. Diese ganzen Kramläden sind schrecklich. Was hätte Christus getan, wenn er sie gesehen hätte? Er wäre mit der Peitsche dazwischengefahren, genau wie bei den Geldwechslern im Tempel. Nur ist dieser Bereich viel größer, und er käme mit dem Schlagen an kein Ende. All der Plunder wird jetzt auch noch elektrisch beleuchtet. Früher brannte vor einem Marienbild eine Kerze, jetzt hängt ringsum eine Schnur. Man schaltet sie ein und schon ist die ganze Maria eine Reklamesäule. Eigentlich müßte auch eine Schallplatte mit Gebeten mitgeliefert werden, aber das kommt vielleicht noch.

An vielen heiligen Stätten ist mir aufgefallen, daß man sie im Grunde gar nicht sieht. Es liegt Gold, Silber und Marmor auf dem Boden, die Wände sind hinter Teppichen, Lampen und Exvotos verschwunden, es ist alles anders geworden, zu Pralinenschachteln der Frömmigkeit. Schade ist das. Aber es liegt doch auch etwas Rührendes in dem Gedanken, daß Menschen mit dem Kostbarsten, das sie zusammenraffen konnten, jene Stätten bedeckt haben. Es ist doch auch eine Äußerung des Glaubens. Man kann es bedauern, aber zugleich muß man es respektieren. Es ist ein komplexes Gefühl. Das gilt auch für jene Läden. Ohne den Glauben derer, die sie betreten, gäbe es sie nicht.

Bethlehem liegt jetzt hinter mir. Ich genieße eine herrliche Aussicht! Das Städtchen liegt hoch, und ringsum sieht man, wie vom Mastkorb eines Schiffes aus, das durch dünende See fährt, lauter Hügel. Jetzt entdecke ich auch Schafe und zwei arabische Hirten. Obwohl Arabisch nicht meine stärkste Seite ist, gehe ich zu ihnen. Solange sie kein Wort sagten, sahen sie aus wie ertappte Taschendiebe. Aber wenn sie sprachen, ging über ihr Gesicht ein Leuchten wie bei einem Kind. Ich habe also doch noch mit Hirten aus Bethlehem gesprochen, wenn wir einander auch nicht verstanden. Eine rührende Geste, wie sie mir einen Becher Tee aus ihren Feldflaschen anboten. Es waren arme Menschen, und man weiß nie, ob man sich seinerseits nicht revanchieren muß. Doch vielleicht schlagen sie einem dann den Schädel ein.

Die orientalische Gastfreundschaft ist eine komplizierte Angelegenheit. Vieles davon ist symbolisch gemeint, und das muß man eben wissen. Ein Bruder meines Vaters war am Ausbau des Suezkanals beteiligt. Er kam während der Arbeiten in das Zelt eines Scheichs, der ihm sofort drei Teppiche anbot, die dort lagen. Mein Onkel rollte sie erfreut zusammen, er wußte es ja nicht besser. Danach überreichte ihm der Scheich noch einen Krug mit Datteln, eine Räucherlampe und eine mit Silber beschlagene Kiste, die keineswegs leer war. Mein Onkel nahm alles an, denn er konnte es gut gebrauchen. Das Zelt war fast leer geworden. Zum Schluß offerierte der Scheich ihm noch, wenn auch murrend, die beiden schönsten Damen seines Harems, und mein Onkel schüttelte ihm dankbar die Hand, denn die Schönen sahen wirklich ganz annehmbar aus. Wie die Geschichte ausgegangen ist, weiß ich im Grunde nicht, jedenfalls kam mein Onkel mit leeren Händen zurück. Ich vermute, daß sein Auto an der Grenze der Oase angehalten und ihm alles wieder abgenommen wurde. Er hatte sich eben nicht in die orientalische Mentalität vertieft. Er hielt den Scheich für einen netten Mann und hatte gutgläubig alles eingepackt. Das hatte der andere anscheinend nicht erwartet.

Ob die beiden Hirten wohl eine Ahnung haben, was einst in Bethlehem geschehen ist? Sicher, denn so weit sind Mohammedaner und Christen gar nicht voneinander entfernt. Sie haben ebenfalls die jüdische Überlieferung vom Erzvater Abraham und König David, daran schließen sie an. Ihre Moschee mitten in Jerusalem, die an der Stelle von Salomons Tempel steht, ist auf dem Felsen erbaut, auf dem das Opfer Abrahams von einem Engel verhindert wurde. Er heißt auch Felsentempel. Aus dem Neuen Testament übernahm Mohammed Johannes den Täufer und Jesus Christus als Propheten. Jerusalem ist für die Muslim ein heiliger Ort, und anfangs haben sie mit dem Gesicht gen Jerusalem gebetet. Erst später veränderte Mohammed die Richtung nach Mekka. Der Islam kennt vier Quellen der Offenbarung. Den Pentateuch des Mose, die Psalmen Davids, das Evangelium Jesu und den Koran. Ihr Monotheismus ist im Grunde straffer als der unsere. Mohammed wurde nie vergöttlicht. Auch Isa Ben Mirjam, Jesus, der Sohn Marias, ist nur ein Prophet. Allah überschattet alles. Ihr „Allah Akbar“ bedeutet dann auch nicht, wie immer angenommen wird, „Allah ist groß“. Die richtige Übersetzung lautet „Allah ist größer“. Die Transzendenz des Monotheismus ist in der Religion meiner beiden arabischen Hirten bis zur äußersten Konsequenz durchgeführt worden.

Das Tote Meer

Ich fuhr über Jericho zum Toten Meer. Jericho ist ein ungeheurer Trümmerhaufen. Es sieht aus, als sei hier die ganze Welt eingestürzt. Die Archäologin Miß Kenyon hat vor kurzem ein paar Schächte ausheben lassen, und durch einen von ihnen sieht man direkt nach unten. In der Tiefe entdecke ich eine Stadt-

mauer und einen Turm, die bis obenhin noch gut erhalten geblieben sind. Gleichwohl schaut man auf sie *hinab*, so tief ist die erste Stadt im Laufe von Jahrtausenden unter dem Schutt versunken.
Das Alter eines solchen Turms ist heutzutage ziemlich genau mit der Kohlenstoff-Sieben-Methode, die in Amerika entwickelt worden ist, festzustellen. Man kam auf ungefähr 6800 Jahre *vor* Chr. Jericho ist damit viertausend Jahre älter als die ältesten Städte, die jemals entdeckt wurden. Man kann sich solche Zeiträume kaum vorstellen. Vielleicht hilft es, wenn man bedenkt, daß, als Abraham hier vorüberzog, Jericho schon fünftausend Jahre bestand.
Ob die Mauern wirklich durch Posaunenschall eingestürzt sind, bin ich so frei zu bezweifeln. Gegen solide Backsteinmauern von acht Metern Breite ist nicht anzublasen. Man nimmt an, daß es sich um ein Erdbeben gehandelt haben muß, aber auch das glaube ich nicht. Die Stadt ist durch Langeweile gefallen. Die Juden zogen sechs Tage um sie herum, und am siebenten, als die Garnison durch die endlose Wiederholung eingeschlafen war, ließ Josua die Trompeten erschallen, und sie erklommen die Mauern ungehindert. Ich weiß nicht, ob diese Theorie besteht. Sie scheint mir sehr annehmbar. Eine solche Strategie, bei der man eine Zeitlang Aggression nur spielt und erst im letzten Moment zuschlägt, wird jetzt als kalter Krieg bezeichnet. Seine Stärke liegt im Widerspruch. Man appelliert immer wieder an die Aufmerksamkeit, und gerade dadurch läßt sie nach.
Jetzt befinde ich mich am Toten Meer, und damit am

tiefsten Punkt der Erde. Es ist Mitte August, und ich schätze die Temperatur auf 45° Celsius. Das Tote Meer liegt vierhundert Meter unter dem Meeresspiegel, ist vierhundert Meter tief, das macht zusammen achthundert Meter. Ein elender Ort. Man erstickt fast, und kein Baum zu sehen, der Schatten gäbe. Das Wasser schmeckt bitter. Bei uns in Zandvoort, an das ich auf einmal voller Freude denke, beträgt der Salzgehalt 3 $^1/_2$%. Hier 32%, das ist fast zehnmal so viel. Der bittere Geschmack kommt vom Schwefel. Meine Hand ist schon weiß geworden vom aufgetrockneten Salz. Haben Sie jemals einen so trostlosen, gottverlassenen Ort gesehen? Sogar ertrinken ist hier unmöglich, man taucht sofort wieder auf. Kaiser Tiberius hat das seinerzeit versucht. Er liebte keine halben Maßnahmen und ließ zehn Sklaven aneinandergefesselt ins Meer werfen, aber sie gingen nicht unter. Hier lagen auch Sodom und Gomorrha. Wie *schlecht* diese Namen klingen. Allein in ihrem Klang liegt schon etwas „Verdorbenes". Doch man weiß nie, ob das wirklich darin liegt oder ob wir das Dekadente später hineingestopft haben. Ich vermute letzteres. Die Ableitung Sodomit hat das Wort ein zweites Mal infiziert. Diese zwei Städte sind durch Gottes Zorn, wie wir in der Schule lernten, von der Erde hinweggefegt worden. Ich lese nicht gern im Alten Testament. Gott ist dort eigentlich ständig „zornig". Er soll immer nur die enormen Aggressionsgelüste der Propheten in Taten umsetzen. Diese eigenartige Auffassung von einem Wesen, das gerade *nicht* menschlichen Leidenschaften unterworfen ist, hat unsäglich viel Böses angerichtet. „Mein ist die Rache.“ Dieser Gedanke ist als die „Furcht des Herrn“ in einen Teil des Christentums gefahren und hat Millionen Menschen vergiftet. Wie erschreckte Kaninchen haben sie gelebt, wagten sich nicht zu rühren, weil schon die kleinste Handlung Böses bedeuten konnte. Nur wenn überhaupt nichts geschah, war man relativ sicher.

Dieses Erstarren unter dem kalten Auge des Rächers haben wir in Holland auch gekannt. Aus jener „Eiszeit“ sind noch ein paar fossile Reste in unserer Sprache erhalten geblieben. Wenn es vollkommen still ist, sagen wir: Ein Pfarrer geht vorbei. Ein solcher Satz verursacht kalten Schweiß, und bezeichnend ist es auch, daß wir immer noch den Ausdruck „Es ist Sünde“ für eine Ausgabe oder Handlung gebrauchen, die nicht unbedingt nötig ist.

Sodom und Gomorrha wurden in Wirklichkeit durch einen Vulkanausbruch vernichtet. Man hat noch Reste dieser Städte unter dem Wasserspiegel gefunden, sie waren bedeckt mit Lava. Die Verwandlung von Naturkatastrophen in eine Strafe Gottes ist ein Manöver, das in der Vergangenheit oft angewendet worden ist. Heute geht das nicht mehr. Wir wissen zuviel. Man kann Wotan oder Thor den Blitz zuschreiben, aber von dem Augenblick an, da Franklin einen Drachen steigen läßt und das übernatürliche Eingreifen auf Elektrizität zurückführt, ist das natürlich vorbei. Immer wieder bemächtigt sich der menschliche Geist eines weiteren Stückchens Erkenntnis, das früher unter die Religion fiel. Und in diesem Sinn hat Oskar Wilde recht mit seinem Wort: „Die Wissenschaft ist der Friedhof der Religion.“ Wir sind umgeben von alten Leichensteinen, aber die Toten darunter irren noch immer wie Gespenster unter uns herum.

Man hat herausgefunden, daß das sogenannte „Manna“ die Sekretion eines Insektes gewesen ist, das in den frühen Morgenstunden ein weißes Sekret ausscheidet, das eßbar ist. Ist eine solche Entdeckung eine Ernüchterung, weil man das früher für ein Wunder gehalten hat? Ich meine: nein. Ich verstehe auch die Menschen nicht, die an einer solchen Interpretation festhalten. Auf die Frage, ob ich an Wunder glaube, würde ich antworten: Ich glaube, daß alles ein Wunder ist. Ich bewege meine Hand, die Finger spreizen sich nach den Impulsen, die von den grauen Zellen ausgehen, die wir Gehirn nennen. Das ist ein Wunder. Es ist für mich kein Wunder, daß Lazarus vom Tode auferstanden ist. Das Wunder ist, daß er je gelebt hat. Das Erschütternde war schon geschehen, bevor er sich erhob. Man spricht mit jemand, niemand weiß, wie das geschieht. In meinem Kopf formt sich ein Gedanke, keine Menschenseele weiß auf welche Weise, auch die größten Neurologen stehen vor einem Rätsel, ich bewege meinen Mund; was ich gerade gedacht habe, schwebt als Laut unsichtbar durch die Luft in die Ohrmuschel des anderen; in dessen Kopf geschieht etwas, und es kommt eine Antwort zurück. Ist das zu erklären? Niemand „versteht“ das. Ich denke manchmal, daß Menschen, die so großen Wert auf Wunder legen, etwas vermissen, nämlich, daß sie sich über nichts mehr wundern können. Das klingt paradox, weil gerade diese Eigenschaft zum Menschen gehört. Trotzdem spüren sie eine Leere. Ihnen fehlt etwas, und zwar die Fähigkeit, sich über die „alltäglichen" Dinge zu wundern. Wer wundert sich darüber, daß wir gehen können? Über einen Seiltänzer, der über ein Seil geht, wundern wir uns. Wir trinken Wasser. Es hat Substanz und fügt sich dennoch in alle Formen, kann bis zur Unsichtbarkeit verdampfen. Für mich braucht es nicht erst in Wein verwandelt zu werden, bevor ich an ein Wunder glaube.

Sie werden einwenden, daß Christus das dennoch getan hat. Christus tat einiges, was er heute nicht mehr tun würde oder nur mit größtem Widerwillen. Er ging gewissermaßen in Hockstellung und zauberte dann noch etwas dazu, weil es sonst nicht akzeptiert worden wäre. Er sprach nämlich zu Kindern. Wir sind heute etwas erwachsener geworden, nicht viel, aber immerhin etwas. Und wir müssen seine Worte so verstehen, als wenn er sie heute gesagt hätte. Wer seine Worte heute dem Buchstaben nach auffaßt, berücksichtigt die damals noch nicht bestehende Phase des Erwachsenseins, die heute berücksichtigt werden muß. Ich bin häufig erstaunt über die ungeheure Mühe, die sich Bibelwissenschaftler machen, um ja kein Wort, das dort steht, zu verlieren, während es doch klar ist, daß Christus mit der Aufnahmefähigkeit rechnen mußte, die er vorfand. Lebte er heute, hätte er es anders gesagt und wäre aufs neue gekreuzigt worden.

Läuft man dabei nicht Gefahr, eine immer wechselnde Interpretation zu geben? Ja. Aber warum ist das ein Risiko? Ich sehe für eine lebendige Kirche keine andere Wahl, als die Sprache ihrer eigenen Zeit zu sprechen oder mit Antiquitäten zu handeln. Christus selbst hat das erstere gewählt. Seine Haltung gegenüber dem „Gesetz" in Sachen Sabbatheiligung oder Prostituierten gegenüber offenbart eine Unbefangenheit, die er auch heute seinem eigenen Evangelium gegenüber an den Tag legen würde. Er hätte zu den äußerst schwierigen Christen gehört, die auf dem Konzil in Noordwijkerhout kaum zu Wort gekommen wären. Der Zutritt zum Petersdom wäre ihm ganz und gar untersagt. Wir sehen das jüdische Gesetz als veraltet an. Aber das kommt durch ihn. Zu seiner Zeit besaßen diese Sätze die Kraft des heutigen Zölibates. Es gibt keinen einzigen Grund, anzunehmen, daß er das nicht auch mit derselben Selbstverständlichkeit beiseite geschoben hätte wie die Dinge, die damals den Menschen teuer waren.

Ich bin jetzt an der Stelle angelangt, wo der Jordan ins Tote Meer strömt. Sein Wasser ist ein Bild für das, was ich noch sagen möchte. Hier an der Mündung sieht er tot aus. Und doch war er ein paar Kilometer von hier entfernt noch quicklebendig. So ist es mit jeder wahren Religiosität. Solange sie lebendig ist, preßt sie sich voller Kraft durch jedes Flußbett, windet und schlängelt sich an allen Hindernissen vorüber und wählt die Richtung, die ihr durch die gegebenen Umstände vorgeschrieben wird. Es ist ihr gleichgültig, welche Formen sie dabei annimmt, wenn nur das lebendige Wasser weiterströmt. Das Geheimnis jeder Vitalität ist der Drang zum Weitergeben, kombiniert mit Wendigkeit, mit der Fähigkeit zur Anpassung und zur Toleranz. Das bloße Weitergeben führt zu Fanatismus, bloße Geschmeidigkeit zum Verlust des eigenen Besitzes. Es geht um eine Kombination aus beiden. Es ist wichtig, von etwas ganz erfüllt zu sein, die Form für diesen Inhalt ist zeitgebunden und darf als unwichtig angesehen werden. Die Quelle läßt sich nicht ändern, wohl aber die Richtung des Stromes. Und was geschieht nun mit dem Jordan? Er gerät in ein von Bergen eingeschlossenes Becken. Es bleibt kein Spielraum mehr, das Wasser wird zu stehendem Gewässer, und die Abfallprodukte vieler einst lebendiger Organismen lagern sich ab. Das Wasser, übersättigt von seiner eigenen Tradition, wird schal, wird zum Toten Meer.

Das Grab

Wie so viele heilige Stätten ist auch das Grab Christi von Helena, der Gemahlin Kaiser Konstantins, mit Bestimmtheit als echt angesehen worden. Woher sie diese Sicherheit nahm, ist unbekannt. Ein Grab mußte nach jüdischem Gesetz außerhalb der Stadtmauern liegen, und dieses befand sich innerhalb der Mauern. Der jahrhundertealte Streit um die Echtheit der letzten Ruhestätte Jesu dreht sich also um diese Frage, ob das Grab drei Jahrhunderte früher etwa außerhalb der Wälle gelegen habe. Darüber sind Bücher über Bücher geschrieben worden. Die letzte Veröffentlichung stammt von Kathleen Kenyon. Ihre Ausgrabung bewies, daß die Stelle zur Zeit Jesu nicht zur ummauerten Stadt gehört hat. Die Schlußfolgerung Miß Kenyons geht übrigens nicht weiter als bis zu der Annahme, daß dies das authentische Grab sein könnte. Wer diese Schlußfolgerung aufmerksam liest, erfährt im Grunde nur, daß auch das Gegenteil, daß es nicht das Grab sein könne, ebensowenig bewiesen ist. Die einzige positiv zu wertende Passage in ihrem Buch ist die Bemerkung, daß die Kaiserin beim Lokalisieren des Grabes unter dem Forum Hadrians wohl einer sehr starken Tradition gefolgt sein müsse. Das ist nicht gerade viel, aber denen, die mit Angst und Zittern auf ihre Veröffentlichung gewartet haben, genügte es.

Warum diese Angst? Es mag etwas zynisch klingen, aber es ist trotzdem eine Tatsache, daß in solchen Fragen natürlich wirtschaftliche Interessen eine Rolle spielen. Im Bereich einer solchen Stätte sind enorme Beträge investiert worden. Ein vernichtendes Urteil bedeutet den Konkurs einiger tausend Leute. Aber viel ernster sind die Folgen für die Millionen Pilger, die hier je gebetet haben und noch nicht gestorben sind. Man darf nicht vergessen, daß viele von ihnen ihr ganzes Leben gespart haben, um mit eigenen Händen den Stein berühren zu dürfen, auf dem der tote Leib Christi geruht hat. Sie reisten auf die billigste Art, mitunter zu Fuß und unter schweren Entbehrungen. Waren sie endlich angelangt, warfen sie sich zur Erde nieder und brachen in Tränen aus.

Das alles geschah im Glauben an die Echtheit dieser Stätte. Es wäre ein Schock gewesen, zu erfahren, daß dieser Glaube auf einem Irrtum beruhe. Dafür möchte ich die Verantwortung nicht gern tragen. Auch wenn ich es sicher wüßte, würde ich schweigen wie das Grab Christi selbst. Was ist schließlich Wahrheit? Hier wasche ich wie Pilatus meine Hände. Ich habe es, glaube ich, schon mehrmals gesagt, aber es kann in diesem Land nicht oft genug wiederholt werden: Glaube ist kreativ und schafft Wahrheiten, vor denen die historische Untersuchung ehrerbietig zurückzutreten hat. Natürlich nicht immer. Ich rede nicht der Ignoranz das Wort. Eine Ausnahme bildet eine seit Jahrhunderten bestehende Verehrung, die einen Platz auf Erden erhöht hat. Man kann einen solchen Hügel nicht einreißen, und zwar nicht nur aus Pietät, sondern auch aus der festen Überzeugung: Es *muß* die Stätte sein, weil dort zu viele Tränen vergossen worden sind.

Wie lange besteht eigentlich die Verehrung für dieses besondere Grab? Vom 4. Jahrhundert an hat man nie daran gezweifelt, daß Christus hier zur letzten Ruhe gebettet wurde, und vor allem, daß er hier nach drei Tagen auferstanden ist. Denn die Auferstehung ist nach Paulus die Achse, um die sich alles dreht. Ohne dieses Ereignis wäre die ganze Botschaft Jesu sinnlos, ein Ausspruch, den ich nie verstanden habe, aber das spielt in diesem Zusammenhang keine Rolle. Ist der Gedanke nicht eigenartig, daß ein winziges Fleckchen Erde – zwei Meter lang und 180 cm breit – eine solche Rolle in der Weltgeschichte gespielt hat? Ich meine nicht nur als Heilsgeschehen, sondern auch politisch im Hinblick auf die Kreuzzüge. Diese gingen zwar um das Heilige Land als Ganzes, aber der eigentliche Einsatz galt diesem Grab. Von Urban II. bis Peter dem Eremiten ist *das* das Thema der „Kreuzzugswerbung" gewesen. Aus der Ansprache des Papstes, die die ganze Bewegung auslöste, ist das deutlich herauszuhören. Die Lampen über dem Grab, die von den Ungläubigen gelöscht waren, sollten wieder brennen. Auf der Freitreppe von Clermont hat er diese Worte gesprochen und denen, die gen Jerusalem zogen, *Vergebung aller Sünden versprochen*. Man faßt sich an den Kopf, wenn man das liest: Ein Mensch stellt sich ohne Skrupel an den Platz Gottes. Die Anmaßung ist so ungeheuerlich, daß man atemlos weiterliest. Vier Menschen haben jene Ansprache aufgeschrieben, sicher eine der wirksamsten, die je gehalten wurden. Da stockt einem der Atem. Die Folgen waren verheerend. Quer durch Europa zieht sich eine blutige Spur bis zur Heiligen Stadt. Unterwegs werden alle Juden umgebracht, und in Jerusalem wird ein Blutbad angerichtet, dem kein einziger Einwohner lebend entrinnt. Es ist unbegreiflich, daß dennoch niemand von diesen Menschen den Widerspruch durchschaut hat, der in diesem furchtbaren Gemetzel steckte, daß es um das leere Grab eines Mannes ging, der drei Jahre lang das Gegenteil gepredigt hatte. Dasselbe Rätsel, wenn man einen Ketzer auf der Folterbank sieht und daneben einen Geistlichen, der ein Kreuz hochhält. Jeder kennt solche Bilder und fragt sich: Wie ist das möglich? Wie kommen die Menschen bloß auf den Gedanken, sich das gegenseitig anzutun und sich dabei noch auf jemand zu berufen, der sein Leben hingab, um solche Untaten zu verhindern? Damit werde ich nie fertig, und ich frage mich manchmal, ob im Evangelium vielleicht ein Satz steht, der mir nie aufgefallen ist, *ein* mit Gift getränktes Wort, aus dem diese blinde Wut entstehen konnte. Ich kann es nirgendwo finden.

Nein, ich glaube nicht, daß das Evangelium mehr Böses als Gutes getan hat. Wir sind einfach noch nicht so weit, um seine Worte ganz zu verstehen. Wenn wir auf dieser Wachstumsstufe stehenbleiben, steht im Saldo vielleicht ein Minus. Aber wir haben die Chance, erwachsen zu werden. Schließlich ist im Namen Christi auch unendlich viel Gutes geschehen, wenn sich das auch schwierig beweisen läßt. Aggressionen sind deutlich erkennbar, sie werden sofort Geschichte. Barmherzigkeit wird mit unsichtbarer Tinte geschrieben.

Auch die Kreuzzüge haben eine Kehrseite. Die Berührung mit dem Orient hat Europa neuen Auftrieb gegeben. Aristoteles, dessen Denken das ganze Mittelalter beherrschen sollte, ist uns von den Arabern überliefert worden, die Begegnung mit Byzanz war eine Offenbarung, wir wurden kräftig durcheinandergeschüttelt und fielen von einem Erstaunen ins andere. Das Grab Christi hat, rein kulturhistorisch gesehen, tiefgreifende Veränderungen in Europa verursacht, die ihm ein völlig anderes Gesicht gegeben haben. Dieses Grab will ich jetzt besuchen.

Die Grabeskirche ist ziemlich verfallen. Viele Fenster sind zugenagelt, und das spärliche Licht, das hereinfällt, kommt von oben. Helldunkel wie auf einem Gemälde Rembrandts. Die Glocken beginnen zu läuten, offenbar wird eine Messe gefeiert. Eine Prozession armenischer Priester kommt herein, ganz in Schwarz. Jedesmal wenn sie sich an einer weißen Mauer vorbeischieben, werden sie sichtbar, dann verschwinden sie wieder in der Dämmerung. Sie singen mit harten, unbeteiligten Stimmen, wie es uns früher in der Volksschule vorgeschrieben war. Eine täglich wiederkehrende Liturgie bedeutet einen ähnlichen Zwang, aber in einer Kirche bringt dies eine Art Sicherheit mit sich, die viel größer ist, als wenn man in ihr „gefühlvoll" sänge. Es drückt aus, daß alles wahr ist, was hier geschieht, und wir nur Instrumente sind. Darum ist es einerlei, *wie* es geschieht, das Mysterium vollzieht sich ohnehin.
Das Grab selbst ist klein und wirkt noch winziger, weil es frei in einem riesigen Raum liegt. Ich betrachte es zunächst von außen. Es sieht aus wie eine Zelle aus einer Honigwabe, mit weißem Marmor verkleidet. Ich schätze, daß nicht mehr als zwei, drei Menschen zugleich hineingehen können. Dennoch hat es verschiedene Eingänge. Vor der Öffnung an meiner Seite steht ein griechisch-katholischer Priester, der anschließend von einem armenischen abgelöst wird; sie arbeiten hier sozusagen in Wechselschicht. Vor der Pforte an der anderen Seite steht ein Franziskaner. Die Kluft, die durch die Christenheit geht, wird hier auf eine Weise sichtbar, die ans Herz

geht. Diese Eingänge kommen mir vor wie Maulwurfgänge zu einer verlassenen Höhle, in der vor zweitausend Jahren jemand lag, der einen solchen Zustand absurd gefunden hätte. Es ist eigenartig. Je mehr man sich ihm nähert, desto weiter entfernt man sich von dem, was er im Grunde gemeint hat. Schweigend betrete ich das Grab.

Ich stehe vor „the Garden Tomb“, das von Charles George Gordon für das echte Grab gehalten wurde. Diese vielumstrittene Behauptung hier zu erörtern ist nicht meine Absicht. Ich möchte nur drei Argumente General Gordons anfügen, nicht um zu beweisen, daß er recht hat, denn die meisten Gelehrten, die mehr darüber wissen, leugnen das, sondern um zu zeigen, daß diese Stelle, an der ich mich jetzt befinde, nicht willkürlich gewählt wurde. Zunächst einmal der hohe Felsen dort. Wenn man ihn genau betrachtet, sieht er aus wie ein Totenschädel. Zwei tiefe Löcher könnten als Augenhöhlen, der breite Spalt darunter als Mund angesehen werden. „Golgatha“ bedeutet Schädelstätte. Zweitens liegt dieser ummauerte Garten, von Gordon Joseph von Arimathäa zugeschrieben, noch immer außerhalb der Stadtmauer Jerusalems. Und schließlich ist *vor* dem Grab eine lange Rinne ausgespart, durch die der runde Stein, mit dem es verschlossen war, weggewälzt werden könnte. Diese Art der Absperrung wurde erst ein halbes Jahrhundert vor Christus Brauch und war schon fünfzig Jahre nach seinem Tod nicht mehr üblich. Es ist also ein Grab aus der Zeit Jesu.

Was mich diesen Ort wählen ließ, ist die tiefe Stille. Ich störe niemanden bei seiner Andacht und kann endlich selbst etwas tun, was ich schon tagelang in Gedanken mit mir herumtrage und womit ich dieses Buch beschließen möchte. Ich möchte im Grabe stehend laut einige Stellen aus dem Johannesevangelium vorlesen, und Sie können zuhören.

Das Grab ist aus der Felswand von Golgatha herausgehauen. Es ist leer, wie es an jenem Ostermorgen war. In der schmalen Höhlung könnte der Leib Christi geruht haben, und auf dem vorspringenden Steinstück lagen vielleicht die Tücher mit Ausnahme des Schweißtuches, das Petrus „beiseits, zusammengewickelt, an einem besonderen Ort" sah. Es ist sonderbar, daß ein Mensch, der völlig niedergeschlagen und fassungslos war, derartige Einzelheiten bemerkte und im Gedächtnis behielt. Petrus war der erste, der es wagte, das Grab zu betreten, aber daß es geöffnet war, hat als erste eine Frau entdeckt. Sie hieß Maria Magdalena. Sie kam in aller Frühe hierher, als es noch dunkel war, und meldete es atemlos dem Petrus und einem der Jünger, „der von Jesus geliebt wurde", dessen Namen jedoch verschwiegen wird. Alle drei eilen sie zum Grab. Der Jünger läuft schneller und ist auch früher dort, aber er tritt nicht ein, sondern wartet, bis Petrus angekommen ist, ob aus Angst oder Ehrerbietung vor dem älteren Apostel, wird nicht gesagt. Petrus geht voran und sie betreten es gemeinsam und finden es leer. Als sie fortgehen, bleibt Maria Magdalena allein im Garten zurück. Sie steht draußen vor dem Grab und weint.

Wie sie nun weinte, beugte sie sich vor in das Grab und sieht zwei weißgekleidete Engel dasitzen, einen zu Häupten und einen zu den Füßen, wo der Leichnam Jesu gelegen hatte.
Und diese sagten zu ihr: „Frau, warum weinst Du?" Sie sagte zu ihnen: „Weil sie meinen Herrn weggenommen haben, und ich weiß nicht, wo sie ihn hingelegt haben."

Diese Antwort ist die erste Nachricht von der Auferstehung. In ihrer enthüllenden Ehrlichkeit gehört sie zu den authentischsten Stellen des Evangeliums, weil es für die junge Kirche ohne Belang war, dieses Nichtverstehen zu erwähnen und es trotzdem aufzuzeichnen. Selbst von Petrus und dem geliebten Jünger wird unumwunden geschrieben, daß sie nichts davon begriffen, „denn sie kannten die Schrift noch nicht, daß er von den Toten auferstehen müsse".

Wenn ich nun abschließend die genannte Stelle aus der Schrift zitiere, tue ich es nicht nur, weil sie so ergreifend ist, sondern auch weil sie ein Element enthält, mit dem ich meinen Bericht begann. Es ging mir um die Orte, an denen Christus wirklich anwesend war, um ihn ganz aus der Nähe zu spüren. Das war der rote Faden, der, wie ich hoffe, meine Betrachtungen durchzog und an dem alle Perlen aufgereiht waren. Das Ergreifende an der nun folgenden Stelle liegt in dieser persönlichen Begegnung mit Christus, bei der er sich mit einem einzigen Wort einer Frau zu erkennen gibt. Er nennt nur ihren Namen, mehr nicht. Und die Frau erkennt ihn plötzlich und verrät es auch wieder durch ein einziges Wort. Auge in Auge stehen sie sich gegenüber. Jeder Mensch empfindet es anders, aber mich hat dieses kurze Gespräch in der ersten Dämmerung des Ostermorgens immer tief bewegt. Im Grunde ist es kein Gespräch, sondern nur ein Ausruf auf beiden Seiten. Und der Funke springt über. Damit wollen wir voneinander Abschied nehmen:

„Nach diesen Worten wandte sie sich um und sieht Jesus dastehen, wußte aber nicht, daß es Jesus war. Jesus sagt zu ihr: ‚Frau, warum weinst du? Wen suchst du?' Sie meinte, es sei der Gärtner, und sagt zu ihm: ‚Herr, wenn du ihn fortgetragen hast, so sag mir, wo du ihn hingelegt hast. Dann werde ich ihn holen.' Jesus sagte zu ihr: ‚Maria!'. Da erkennt sie ihn und sagt zu ihm auf hebräisch: ‚Rabbuni', das heißt Meister."

Heinz Schürmann

Der Geist macht lebendig

Ein neuer meisterhafter Meditationsband Heinz Schürmanns. Der Band ist aus Exerzitienkursen (Thema: Christusbegegnung) mit Priestern und Ordensleuten hervorgegangen. Schürmann hat hier Texte des Johannesevangeliums zu knappen „Meditationsvorlagen“ ausgearbeitet, keine Lesestücke, sondern Anstöße, „Betrachtungspunkte“, die den geistlichen Raum des persönlichen Betens fordern, auf das die Einleitung (Grundregeln der geistlichen Schriftlesung) gründlich vorbereitet. Die besondere Qualität des Bandes liegt in der geglückten Synthese tiefer Vertrautheit mit der klassischen Gebetstradition und einer gediegenen fachwissenschaftlichen Kenntnis des Schrifttextes.

192 Seiten, Snolin, ISBN 3-451-16418-3

Herder Freiburg · Basel · Wien